JN092829

図解ポケット

Shuwasystem
A book to explain
with figure
: Library

上手くいく相続のための

生前贈与がよくわかる本

UEMURA Go
税理士 **植村 豪** 著

秀和システム

はじめに

● 「贈与」は想いを届けるツール

　家族の誕生日や記念日、お祝いなど、大事な人にプレゼントするときにはどのような気持ちでしょうか。

　プレゼントがもたらすのは、相手を想う気持ちです。そして、この本のテーマでもある「贈与」。あまり馴染みのないことばかもしれませんが、言ってみればプレゼントです。

　人はいずれ相続を迎えます。その相続が悩ましいとされる理由は、その時期がいつやってくるかがわからないことです。そのときに「相続対策」が何もされていないと、残された家族が困る可能性もあります。そこで目を向けたいのが「生前贈与」です。

　「贈与」を利用することで、次のようなメリットがあります。

・望む時期に望む人に財産をわたし、想いを届けることができる

・生前のうちに「ありがとう」という感謝の声を受け取れる

・相続対策（「もめない」「払える」「相続税の節税」）ができる

　相続のときに意思表示がないと、財産を分けるのに家族間でもめてしまう可能性もあります。さらに、相続税対策ができていないと「こうすればよかった」「あれもできたのに」という後悔にもつながります。実は相続があってからできる対策はほとんどありません。

　でも、生前贈与を利用することで、家族に想いを伝えつつ相続対策

をすることができます。ただし、それにもある程度の時間が必要です。

　2024年1月から、相続税や贈与税のルールが大きく変わります。人生100年時代の中、これまで以上に相続対策をできるだけ早めに、計画的に、始める必要性が出てきました。そこでこの本では、その変更後のルールを踏まえて、生前のうちに想いを届けることができ、相続対策のカギにもなる「生前贈与」のキホンについてお伝えしていきます。税理士に相談するとしても、知っておいて損はありません。

　第1章では贈与の損得の事例をご紹介し、第2章では贈与にかかる税金や特例についてお伝えしていきます。また、第3章では、相続対策を踏まえて最低限知っておきたい相続のルール、第4章では、3章までの内容を前提に生前贈与を活かした相続対策についてお話していきます。本書は贈与という固いテーマ、「図解ポケット」という本著のコンセプトを踏まえて、余計な知識はできるだけ削ぎ落とし、なるべく専門用語を使わず、イラスト多めの入門編という位置づけです。

　本書をきっかけに、一人でも多くの方の生前贈与や相続対策のお役に立てれば、これほどうれしいことはありません。

2023年10月　税理士　植村　豪

図解ポケット
生前贈与が
よくわかる本

CONTENTS

① 贈与で得するヒト・損するヒト

② 知ってトクする！ 贈与税のルール

本書で紹介した書類や計算用のファイルの一部を、以下の当社サポートページにて公開しています。ダウンロードの上ご利用ください。個人としての利用に限り使用いただけます。

https://www.shuwasystem.co.jp/support/7980html/7006.html

贈与で得するヒト・損するヒト

相続対策で「贈与」の果たす役割はとても大きなものです。

ところが贈与のルールや相続対策のことを理解をしていないと、やみくもに贈与してしまったり、贈与になっていないなどの理由からもめたり、思わぬ税負担で損をしてしまい、後悔することにも。

そこでこの章では、贈与で得られるメリットと、贈与で損をしてしまうケースについて見ていきます。

「生前贈与」が必要とされる理由

「贈与」は大事な人へのプレゼント。「あげる」と「もらう」、お互いの意思表示があってはじめて成り立つ契約です。

また、生前のうちに贈与することで相続対策にもなります。具体的にどんなメリットがあるのか。まずは贈与の効果をご紹介します。

1 贈与はプレゼント

「贈与」という言葉を聞くと、少し堅苦しく感じるかもしれません。贈与は、カンタンに言うと「プレゼント」です。例えばあなたが子どもに「お誕生日おめでとう！」とプレゼントを渡せば、「わー、うれしい。」「ありがとう」などのうれしい声を受け取れるかと思います。贈与は、「あげる」「もらう」という行為を通じてお互いの気持ちを表現できるコミュニケーション。「生前贈与」と言われることもあります。そして、贈与であげるものは、お金や株式、不動産などの「財産」です。

2 贈与は「相続対策」にも活かせる

贈与の効果はそれだけではありません。贈与は「相続対策」にも活かせるのです。というと、「相続に何か対策って必要なの？」と思われるかもしれません。実は、相続後にはこんな悩みがあります。

・遺言書があればもめずに済んだのに…

・どんな財産があるかわからない、イチから探さないと…

・相続税を払えない…。自腹を切らないと引き継げないかも。

・事前に手を打てれば、もめないお金の対策ができたのに…

・あと〇〇していたら、特例が使えて相続税を減らせたのに…

　このような場面は、実際に目にもしてきました。亡くなってからできることは、本当に限られています。だからこそ生前のうちに財産を渡し、想いを届けることのできる生前贈与が必要になります。別れはいつ来るかわかりません。「相続対策」をして、生前の早いうちから相続に備えておくことで、いずれ家族が見るであろう相続の景色を変えることができます。

❸ 「贈与」を相続対策にどう活かすか？

　ここで「相続対策」というと、「相続税の節税」を思い浮かべるかもしれません。確かに「相続税の節税」も相続対策の1つではあるのですが、それ以上に気をつけたいのが「もめない」「払える」の2つです。「もめない」、「払える」、「相続税の節税」この3つをバランスをとりつつ考えていくのが「相続対策」です。

FIGURE 1 「相続対策」の3つの柱

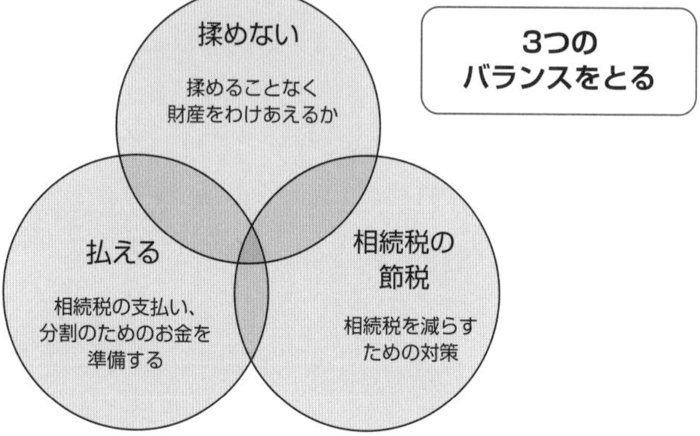
揉めない
揉めることなく
財産をわけあえるか
払える
相続税の支払い、
分割のためのお金を
準備する
相続税の
節税
相続税を減らす
ための対策
3つの
バランスをとる

では、贈与を「相続対策」にどう活かせるのでしょうか。1つ目が生前に意思表示ができること。家族がもめないように話をしつつ、財産を渡すことができます。

2つ目は、生前に財産を渡すことで、将来の相続税を減らすことができること。相続税は相続の時点での財産の「積み上げ」をもとに計算します。その財産が減れば、相続税も減ることになります。

3つ目に、生前に相続人にお金を渡しておくことで、将来の相続税の支払いや相続人間の財産分けに備えることができる点。遺言書でも意思表示はできますが、伝わるのは亡くなってから。一方で、贈与は生前のうちに自らの声で「あげるよ」と伝えて財産を渡すことができ、家族からのうれしい声を聞くことができ、さらに将来の相続税の負担を抑えることができるという点に違いがあります。

「生前贈与」でトクする相続になる理由

相続対策には生前贈与がいいとは言われますが、生前贈与しない場合とする場合でどのくらい変わるのでしょうか。ここでは事例を使って比較をし、効果のイメージをつかんでおきましょう。

1 生前に贈与をしたら相続税はいくらになる？

　相続まで何もしないと相続後に困ることがあるのは、先ほどお伝えしたとおりです。亡くなってからできる対策は、ほとんどありません。…ということは、亡くなる前に何らかの対策をしておく必要があります。「生前贈与」もその1つです。

　では、具体的にどれくらいの効果があるのかを比較で見てみます。何も対策しないで相続を迎えた場合と、生前贈与をしていた場合とで相続税はどのくらい変わるのでしょうか？わかりやすくするためにシンプルな事例にしました。父の財産1.2億円で相続人2人（長男と次男）、生前贈与をせずに2023年12月に相続を迎えた場合と、2人に毎年110万円ずつ10年間、「暦年課税」（第2章で説明します。）で贈与をして、贈与が終わって4年後に相続を迎えた場合を比較をしてみます。

　まず、何もしないで相続を迎えた場合、遺産1.2億円にかかる相続税は1,160万円になります。一方で、10年間110万ずつ生前贈与をした場合は、2人の子どもに合計2,200万円（＝110万円×10年×2人）がわたり、財産は1.2億円から9,800万円に減りました。（3年以内の贈与があれば財産に上乗せしますが、今回はありません。）その結果、相続税は740万円に。子どもたちは？　というと、毎年110万円を渡しているため、子どもたちには贈与税がかかりません。

結果、相続税と贈与税を合わせて420万円の節税になりました。（この話については4章で解説します。）これは、「（相続税を）払える」の対策にもつながるものです。

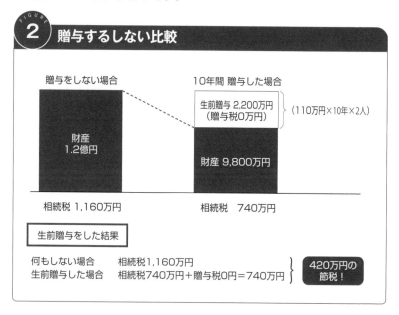

FIGURE 2 贈与するしない比較

贈与をしない場合

財産
1.2億円

相続税 1,160万円

10年間 贈与した場合

生前贈与 2,200万円
（贈与税0円）

（110万円×10年×2人）

財産 9,800万円

相続税　740万円

生前贈与をした結果

何もしない場合　　相続税1,160万円
生前贈与した場合　相続税740万円＋贈与税0円＝740万円

420万円の
節税！

　ただ、こうした効果も正しい贈与になっていることが前提です。実際には、そもそも贈与になっていないなどの理由からお伝えした効果が得られないこともあるのです。そこで次ページから「贈与で損するケース」をお伝えし、その対策を2章から4章にかけてお話していきます。

CHAPTER 1 3 「あげる」「もらう」がないと損する

「あげる」、「もらう」というお互いの意思表示がなければ、贈与があったとは言えません。贈与の意思表示があったことをわかるようにしておくことが大事です。

1 「あげる」「もらう」がないと贈与にならない

贈与では、お互いの意思表示があるかどうかが大事になります。でも、プレゼントを送るなら「あげる」「もらう」というお互いの意思表示は当たり前なのでは？　と思われることでしょう。ただ、贈与の場合には、そうとも限らないのです。実は「あげる」や「もらう」の意思表示を確認できないことが原因で、税務署からで「これ、贈与があったとは言えないよね？」と言われて、追加で税金を払うことになってしまう例がいくつもあるのです。

ここまでは敷居を下げるために「贈与はプレゼント」とお伝えしましたが、贈与は法律行為で、財産をあげる人ともらう人お互いの合意があってはじめて成り立つ「契約」なのです。

「あげる」と「もらう」。贈与では、この2つの意思表示があったことを誰が見てもわかるようにはっきりさせておくことが大事です。

「もらう」とは？

子の口座に
振り込みしたけど…

祖父

自由に使えない

もらったという認識がない

もらった財産を自由に使える状態

あげる人が「認知症」・もらう人の「名義預金」で損する

認知症になると、「あげる」という意思表示ができません。また、「もらう」の意思表示がないものに「名義預金」があります。それぞれ贈与とは、紙一重の関係です。

1 「あげる」が言えない「認知症」

「あげる」という意思表示ができないのに、贈与してしまうことがありえます。

例えば、財産をあげる人が「**認知症**」になった場合です。認知症で「判断能力がない」とされると、その後に契約をしても無効となる可能性が高いです。判断ができなければ、贈与もできませんし、この本で紹介する相続対策もほぼできなくなります。また、あげる人が認知症になると、思わぬ税負担を強いられる可能性があります。例えば、認知症になった後に相続人の1人が親のお金を使い込んでしまい、意図的に相続財産から除いていたらどうなるのでしょうか？ 相続税の税務調査で、それが発覚すると、そのお金を亡くなった方の財産に含めて、重い税負担を強いられることになります。税務署の調査力はあなどれませんからやめておくべきです。

ただ、認知症になったとしても、程度によっては判断ができる場合もあります。もし、「あげる人」が認知症になったら、医師の診察を受けて、意思能力があるかないかを判断してもらいましょう。「あげる人」が判断ができる状態にあり、財産を処分できる状況にあるなら、医師から診断書を出してもらい、早めの贈与を進めることです。期間が空きすぎると、また、意思能力がない状態になる可能性もありますので。

4 認知症の後に贈与はできない

①

なんも わからん…

相続税減らしたいから 贈与したことに…

贈与契約書

父

長男

いないところで

弟　妹

②

お父さんのお金 使い込んでるよね？ 追加の相続税と ペナルティね。

調べは 上がってんだよね

税務署

うちのATMで 毎日のように 引き出しを…

ヒエー

長男

コンビニ店員

相続税を減らそうとして逆に重い税金を払うことに

② どのくらい損するのか？

　仮に財産1億円で相続人は子ども2人、2,000万円のお金を使い込んでいたら？　相続税は当初の770万円から390万円の追加となり、ペナルティも含めると追加の税金は500万円をゆうに超えます。当初払ったのが770万円ですから、そのダメージを物語っています。これを避けるには、正しく贈与する必要があります。具体的には、「贈与契約書」をつくる、口座に振り込む、もらった人が財産を自由に利用できる状況にしておくことなどが挙げられます。

③ 「もらう」が言えない名義預金

　次に「もらう」の意思表示がない場合にも触れておきます。もし、知らないところで勝手に親族名義の預金口座がつくられていたらどう思うでしょうか。

　よくあるのは、相続対策のつもりで祖父が孫名義の口座をつくっているケース。相続税の節税やお金をあげたい目的で、孫の名義の口座にお金を移しているのです。でも、肝心の孫は、お金が入金されていることはおろか、預金口座の存在すらも知らないのです。

　となれば、孫は「もらう」という意思表示はできませんから、孫への贈与はなかったことになります。

　このように子や孫の名義の預金口座ではあるものの、実質的な所有者は別の人である預金を「**名義預金**」といいます。意思表示があるかないかの違いで、「贈与」と「名義預金」は紙一重の関係です。

　税務署に名義預金が見つかると、相続財産になり、追加の税負担を強いられて損します。

5 名義預金と贈与は紙一重の関係

これでは贈与にならない

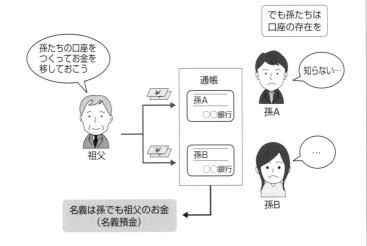

でも孫たちは
口座の存在を

孫たちの口座を
つくってお金を
移しておこう

祖父

通帳

孫A
○○銀行

孫B
○○銀行

知らない…

孫A

…

孫B

名義は孫でも祖父のお金
（名義預金）

ちゃんと贈与しよう

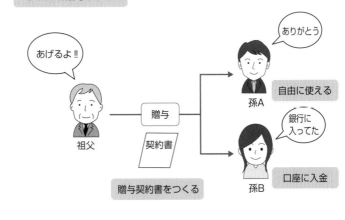

あげるよ‼

祖父

贈与

契約書

贈与契約書をつくる

ありがとう

孫A

自由に使える

銀行に
入ってた

孫B

口座に入金

18

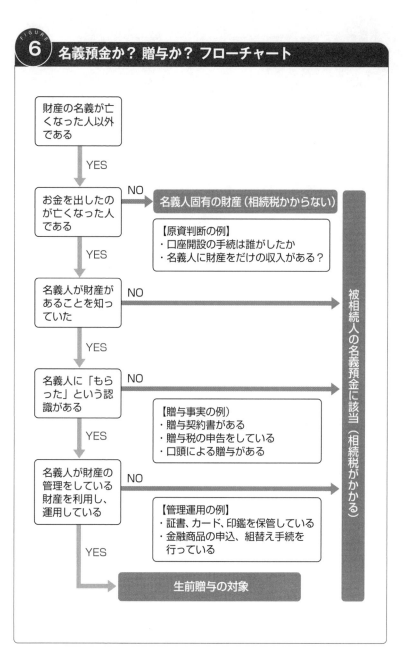

FIGURE 6 名義預金か？ 贈与か？ フローチャート

財産の名義が亡くなった人以外である
↓ YES

お金を出したのが亡くなった人である
→ NO → 名義人固有の財産（相続税かからない）

【原資判断の例】
・口座開設の手続は誰がしたか
・名義人に財産をだけの収入がある？

↓ YES

名義人が財産があることを知っていた
→ NO → 被相続人の名義預金に該当（相続税がかかる）

↓ YES

名義人に「もらった」という認識がある
→ NO →

【贈与事実の例）
・贈与契約書がある
・贈与税の申告をしている
・口頭による贈与がある

↓ YES

名義人が財産の管理をしている財産を利用し、運用している
→ NO →

【管理運用の例】
・証書、カード、印鑑を保管している
・金融商品の申込、組替え手続を行っている

↓ YES

生前贈与の対象

贈与契約書をつくっていないと損する

贈与契約は口約束でもできますが、契約後のトラブルを回避するため、また贈与があったことを後からでも証明できるように「贈与契約書」をつくっておくべきです。

1 なぜ「贈与契約書」が必要なのか?

相続税の税務調査では、調査官が過去の親族への送金内容をチェックすることがあります。そこで問題になるのは、贈与なのか、名義預金なのか。つまり、お互いの意思表示があるのか、ないのかという点です。贈与の時効は6年ですが、名義預金にできると、時効もなく相続税とペナルティを払ってもらえるため、税務署は、名義預金にこだわります。税務調査で見つかる財産の最多が預金であることも偶然ではないでしょう。では、どうやって贈与があったことを証明すればいいのでしょうか。そこでカギを握るのが「**贈与契約書**」であり、契約書に自署した筆跡です。

筆跡を見れば、本人の意志表示があったとわかりますし、他に手書きされた書類などがあれば、後から見ても、本人の筆跡であること、お互いに合意が合ったことがわかります。たとえ、110万円以下の贈与であっても、贈与があったことの証明のために「贈与契約書」をつくっておくのがいいでしょう。「贈与契約書」をつくらないと、時間もお金も損します。

FIGURE
7 贈与契約書をつくっておこう

あげる人もらう人、
財産内容がはっきり
わかるように記載

贈与契約書

贈与者＿＿＿＿＿＿＿＿＿＿＿＿（以下「甲」という。）と受贈者＿＿＿＿＿＿＿＿＿＿＿（以下
「乙」という。）は下記のとおり、贈与契約を締結する。

第1条
　甲は、乙に対して、金＿＿＿＿＿＿＿＿円を無償で贈与することとし、乙はこれを承諾した。

第2条
　甲は、第1条の財産を乙の下記指定口座に＿＿＿年＿＿月＿＿日までに振込むものとする。

　　金融機関名　＿＿＿＿＿＿＿＿＿＿銀行 ・ 信用金庫 ・ 信用組合 ・ 協同組合
　　支店名　＿＿＿＿＿＿＿＿＿＿支店
　　口座種別　普通 ・ 当座
　　口 座 番 号　No.＿＿＿＿＿＿＿＿＿＿

上記の契約を証するため、本書2通を作成し、各自署名押印のうえ保有する。

　　＿＿＿＿年＿＿月＿＿日

印鑑は
実印か認印で

　　　　　　　　　　　贈与者（甲）

契約した日を
記載する

　　　　　　　　　　　住所＿＿＿＿＿＿＿＿＿＿＿＿＿＿＿＿＿

　　　　　　　　　　　名前＿＿＿＿＿＿＿＿＿＿＿＿＿＿㊞＿

　　　　　　　　　　　受贈者（乙）

　　　　　　　　　　　住所＿＿＿＿＿＿＿＿＿＿＿＿＿＿＿＿＿

「あげる人」
「もらう人」が
それぞれ自署

　　　　　　　　　　　名前＿＿＿＿＿＿＿＿＿＿＿＿＿＿㊞＿

名前を自署することで、筆跡からお互いに意志表示があったとわかる
（税務調査でも大事な証拠になる）。

贈与で節税ばかりを考えると損する

財産をあげたいという気持ちも大事ですが、それよりも前に考えておきたいのがご自身の気持ちです。これから先の人生で何をやりたいかを考えておき、必要なお金を確保しておきましょう。大切な人たちに贈与するのはその後の話です。

1 贈与の空振り

生前贈与をすることで、望む時期に望む人に財産をあげることができます。財産をあげる側の気持ちとしては、

「孫の喜ぶ顔が見たい」
「家族がこの先もお金で困らないように」
「贈与すると家族が払う相続税を減らせるから」

といった気持ちもあるかと思います。確かに生前贈与をすることで、相続財産を減らすことができ、相続税の節税になります。

でも、これ何かヘンだと思いませんか。大事な何かを見落としているような気がします。そうです。贈与をする前に最優先で考えておきたいのは、「あげる人」ご自身のことです。

確かに財産あげることで家族は喜んでくれるのでしょう。でも、自分が何を望むのか？　これからどういう生活を送りたいのか、人生は100年といわれている中、長生きするためのお金も必要です。海外旅行に行きたいなどやりたいこともあるでしょう。そのためのお金を確保するのが優先です。（この話は第4章で取り上げます）

　自分のお金が少なくなってから、「サポートしてほしい」とはなかなか言いにくいのではないでしょうか。

　贈与しすぎて、自分のためのお金がなくなっては本末転倒です。

　これから贈与を考えるなら、相続税の節税だけが目的になってしまわないようにまずは自分の気持ちを優先しましょう。

FIGURE
8　贈与の前に考えてみよう！

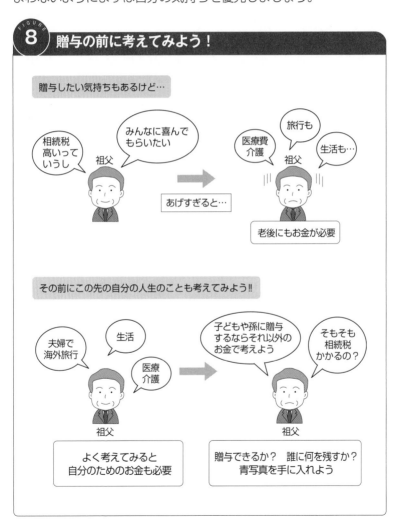

MEMO

CHAPTER

2

知ってトクする！
贈与税のルール

　贈与があった場合には、もらった人に贈与税がかかります。
ただ、同じ贈与でも、贈与税がかかるケースとかからない
ケースがあります。さらに、特例を利用することで、家族に財
産を渡しやすくなります。

　この章では贈与するときに知っておいたほうがいい贈与税
のルールを見ていきます。

CHAPTER
2
1

贈与税は誰が払う？

年間110万円を超える財産をもらった人は贈与税を払います。また「あげた」「もらった」の意思表示がなくても、利益を受け取ってトクしていた場合も、贈与税を払うことになります。

1 財産をもらうと贈与税がかかる

贈与税は財産をもらったときにかかる税金です。ただし、お互いの「あげた」「もらった」の意思表示はなくても、目に見えない権利などをもらってトクしているような場合にも贈与税がかかります。詳しい内容はこれからお話していくので、ここでは「ふーん、そうなんだ」ということで大丈夫です。

2 贈与税を払うのは誰？

贈与税を払うのは誰なのでしょうか？答えは財産をもらう人です。贈与はタダで財産を渡す契約、贈与税は財産をもらってトクした「**利益**」にかかる税金なのです。

利益といわれてピンとこない方もいらっしゃるかもしれません。具体例で考えてみましょう。あなたが上場株式を100万円分買ったとします。（NISA口座だと話が伝わらないので、特定口座で買ったものとします。）その後、値上がりして150万円になったとさに株を売りました。そこで上場株式は150万円のお金に変わるのですが、そのうち100万円はもともと自分で出したお金でした。…ということで、トクしたのは50万円（＝150万円－100万円）。

この50万円が利益であり、利益に税金（所得税・住民税）がかかります。

同じように贈与の場合を考えてみます。時価100万円の株をタダでもらったとすると、自分で払ったお金は1円もありません。つまり上場株式100万円分、まるまるトクしているわけです。なので、上場株式をもらった人が利益にかかる贈与税を払うことになります。

3 贈与税の申告が必要

年間110万円を超える財産をもらった場合など、財産をもらった人は税務署に贈与税の申告をする必要があります。

具体的にはその年の1月1日から12月31日までの間にもらった財産について、翌年の2月1日から3月15日までの間に申告をし、贈与税も支払います。

万が一、贈与税の申告期限を過ぎてしまった場合には、後からでも申告することはできるのですが、贈与税の特例を受けられずに贈与税が増えてしまったり、贈与税に加えてペナルティ（**無申告加算税**や**延滞税**など）も払うことになりますので、避けたほうがいいでしょう。

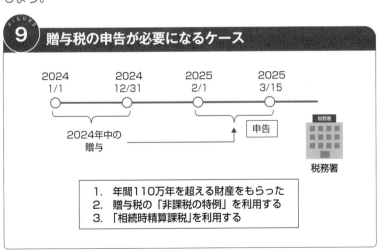

FIGURE 9 **贈与税の申告が必要になるケース**

| 2024 1/1 | 2024 12/31 | 2025 2/1 | 2025 3/15 |

2024年中の贈与

申告

税務署

1. 年間110万年を超える財産をもらった
2. 贈与税の「非課税の特例」を利用する
3. 「相続時精算課税」を利用する

2 知ってトクする！
贈与税の非課税枠

贈与税には非課税枠があり年間110万円以下の場合には、贈与税はかかりません。また、住宅資金や教育資金などを子どもや孫にわたせる「非課税の特例」もあります。

1 非課税枠は年間110万円

　贈与税には**非課税枠**（基礎控除額）があります。1月1日から12月31日までの1年間を単位とし、もらう人ごとに年間110万円の非課税枠を利用することができます。もし、その年に非課税枠を利用しなかった場合でも、次の年に回すといったことはできません。

　具体例で考えてみましょう。もし、2024年中に祖父から150万円、祖母から100万円をもらった場合、合計は250万円、非課税枠は年間110万円ですから、140万円（=250万円－110万円）に贈与税がかかります。一方で、2024年12月31日に祖父から100万円、2025年1月1日に祖母から100万円をもらったとすると、非課税枠は年ごとに利用できるので、2024年、2025年のそれぞれで110万円以下の贈与となり、贈与税はかかりません。

　なお、これまで年間110万円の非課税枠は「**暦年課税**」だけに認められていましたが、2024年1月1日以降の贈与では、「**相続時精算課税**」についても110万円の非課税枠（基礎控除額）を利用できるようになります。

2 贈与の目的ごとに「非課税の特例」

実は贈与税のルールでは、前述の非課税枠の他にも「非課税の特例」があります。贈与税が非課税になる限度額も大きく、利用することで贈与税の節税をしつつ、財産を渡すことができます。

(1)	贈与税の配偶者控除	最大2,000万円
(2)	住宅取得等資金贈与の特例	最大1,000万円
(3)	教育資金一括贈与の特例	最大1,500万円
(4)	結婚・子育て資金の一括贈与の特例	最大1,000万円
(5)	特定障害者の扶養信託契約の特例	最大6,000万円

（2023年現在）

ただし、効果が大きいこともあり、利用できる人も限られていますし、利用の前提条件をクリアした上で、手続きしないと認められません。一方で、利用することでかえって手間がかかったり、損をするような場合もあるため、利用の前には事前に税理士に相談するなど、よく検討したほうがいいでしょう。

FIGURE
10 非課税枠は年間110万円

①同じ年に2人から贈与

祖父
150万円

祖母
100万円

孫

| 2024年 | 祖父　　　祖母　　非課税枠 | 贈与税 |

（150万円＋100万円−110万円）×10％＝14万円

②2024年と2025年にそれぞれ贈与

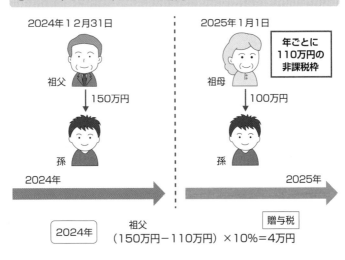

2024年12月31日

2025年1月1日

**年ごとに
110万円の
非課税枠**

祖父

祖母

150万円

100万円

孫

孫

2024年

2025年

| 2024年 | 祖父 | 贈与税 |

（150万円−110万円）×10％＝4万円

| 2025年 | 祖母　　　　非課税 | 贈与税は
かからない |

100万円　≦　110万円

30

生活費・教育費の支払いは 「そもそも非課税」

> 子どもの生活費や教育費を支払っても贈与税はかかりません。
> ただし、その都度、必要な範囲で支払うことが前提です。そのお金
> が貯金になっていたり、株に投資していたら贈与税がかかります。

1 家族への生活費の支援は「そもそも非課税」

ここまで贈与税の話をしてきて、そろそろ「あれはどうなの?」
と思うことがでてきたかもしれません。例えば、

・子どもの大学の費用を払っている

・東京の大学に通う子どもの家賃や日用品を仕送りしている

・おばあちゃんの病院の入院代を払っている

・結婚することになり、みんなからお祝い金をもらった

・おばあちゃんのお葬式のときに香典や花輪代をもらった

などといったものです。そのようなお金にも贈与税はかかるので
しょうか。

実は、生活費や医療費などの目的で、親(扶養義務者)がお金を払っ
ていたとしても、「そもそも非課税」という位置づけです。

ただし、必要な都度に払ったもので、常識の範囲内であることが
前提です。息子に仕送りしたけど、そのお金が貯金されている、そ
のお金で株を買ったりと投資に充てられているような場合には、贈
与税がかかります。お金に色はないのですが、何に使われたかが大
事です。

扶養義務者とは？

(1) 配偶者

(2) 父母・祖父母・子ども・孫などの直系血族、兄弟姉妹

(3) おじ、おば、甥、姪などの親族で生活をともにする関係

FIGURE 11 贈与税が非課税になるパターン（2023年現在）

	項目	限度額
そもそも非課税	扶養義務者から通常必要とされる生活費や教育費のための支払い	（その都度）必要な範囲
	相続があった年に亡くなった方から贈与でもらった財産（相続や遺言で財産を引き継いだ人に限る）	（その都度）必要な範囲
	社会通念上、必要と認められる香典など	（その都度）必要な範囲
	贈与税の非課税枠（暦年課税・2024年からは「相続時精算課税」も非課税枠あり）	年間110万円
	「相続時精算課税」の特別控除（ただし、相続のときに全額が「持ち戻し」になるため相続税は課税）	最大2,500万円
非課税の特例	婚姻20年以上の配偶者に自宅や自宅を建てるためのお金を贈与する（贈与税の配偶者控除）	最大2,000万円
	祖父母や父母が住宅取得等資金のお金を贈与する	最大1,000万円
	祖父母や父母が教育資金を贈与する（残高は相続税課税）	最大1,500万円
	祖父母や父母が結婚・子育て資金を贈与する（残高は相続税課税）	最大1,000万円
	特定障害者の生活の安定のための信託契約のお金を贈与する	最大6,000万円

2024年からは
精算課税でも
非課税枠が使えるんだよ

2 その都度渡すか、まとめて渡すか。

　カンのいい方はここで気づかれたかもしれません。「あれ？　いま教育費は、「そもそも非課税」って話だったけど、その前（44ページ）で、贈与税が非課税になる特例があるって言ってたよね」と。

非課税の特例（一部）

・教育資金一括贈与の非課税特例	最大 1,500 万円
・結婚・子育て資金の一括贈与の非課税特例	最大 1,000 万円

　おっしゃるとおりです。でも、間違ったことをお話したわけではありません。いまお伝えした非課税を「そもそも非課税」と名付けます。こちらには「その都度支払っていること」という前提条件がありました。

　孫に大学費用の振込金額を教えてもらって、その金額を振り込めばキッチリ払ったことになり、お金を使い切ります。でも、中には「かわいい孫の大学の4年分の学費をまとめて贈与したい」という声もあります。でも、大学には1年分しか払わないとなると、残りの3年分はその年には貯金にまわることになります。そうなると使ったお金は1年分だけ。3年分の貯金には贈与税がかかることになります。

　そこで「**教育資金一括贈与の非課税特例**」が登場します。こちらは教育のためのお金を贈与で4年分渡したとしても、「非課税」にするという特例なのです。

FIGURE
12

教育資金の非課税の考え方

```
        ┌─── 使い切る ───────→ 「そもそも非課税」
¥ ─────┤
        │
        └─── 余る・預金 ──────→ 贈与税がかかる
                        └─────→ 「非課税の特例」を利用する
```

「そもそも非課税」
なら、贈与の手続きは
いらないよ

CHAPTER 2-4 「20歳の孫より17歳の孫が贈与税を多く払う」の謎

贈与税を計算するとき、通常は「暦年課税」で計算します。また、「暦年課税」の贈与税率には「特例税率」と「一般税率」があり、「特例税率」のほうが「一般課税」に比べて贈与税は安くなります。

1 贈与税の計算方法は2つある

贈与税の計算はどのようにするのでしょうか。前提として贈与税の計算方法には「**暦年課税**」と「**相続時精算課税**」の2つがありますが、基本は「暦年課税」で計算することになります。「暦年課税」については、あげる人ともらう人の前提条件はありません。税率と控除額は次ページにある贈与税の速算表を使います。

暦年課税による贈与税の計算方法

贈与税＝
　（もらった財産の合計額−110万円）×税率−控除額

　　　　　　　　　　　非課税枠　　　　　　　　　贈与税の
　　　　　　　　　　　　　　　　　　　　　　　　速算表より

具体的には（もらった財産の合計額−110万円）の金額が速算表のどこに該当するかを探し、その金額範囲にある税率と控除額を使います。

特例税率

110万円引いた後の財産額	税率	控除額
200万円以下	10%	—
400万円以下	15%	10万円
600万円以下	20%	30万円
1,000万円以下	30%	90万円
1,500万円以下	40%	190万円
3,000万円以下	45%	265万円
4,500万円以下	50%	415万円
4,500万円超	55%	640万円

どこに
該当するか？

一般税率

110万円引いた後の財産額	税率	控除額
200万円以下	10%	—
300万円以下	15%	10万円
400万円以下	20%	25万円
600万円以下	30%	65万円
1,000万円以下	40%	125万円
1,500万円以下	45%	175万円
3,000万円以下	50%	250万円
3,000万円超	55%	400万円

(特例税率)：父母(祖父母)から18歳以上の子(孫)が財産をもらう場合に使います。
(一般税率)：(特例税率) に該当しない関係の贈与の場合に使います（兄弟同士、夫
　　　　　　婦間、親から18際未満の子への贈与、義父母からの贈与など）

FIGURE 14　贈与税の計算方法は2つある

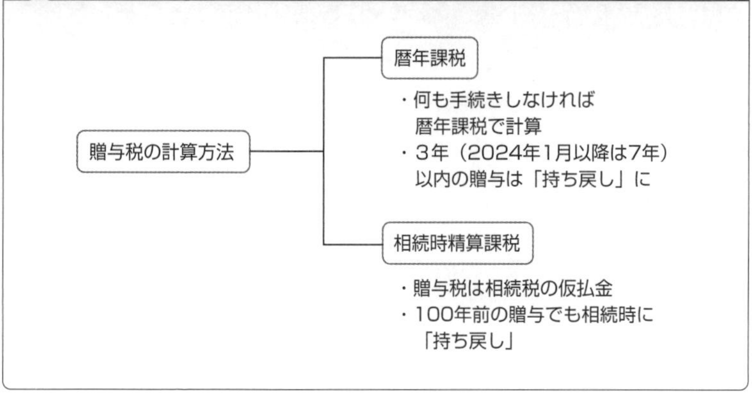

贈与税の計算方法

暦年課税
・何も手続きしなければ
　暦年課税で計算
・3年（2024年1月以降は7年）
　以内の贈与は「持ち戻し」に

相続時精算課税
・贈与税は相続税の仮払金
・100年前の贈与でも相続時に
　「持ち戻し」

　例えば、2023年に父から200万円もらったなら、（110万円を
マイナスした後の）90万円は速算表の「200万円以下」の税率
10%と控除額「－（ゼロ）」を使います。贈与税は（200万円－
110万円）×10%＝9万円となります。

2 2人の孫で支払う贈与税が違う理由

　祖父が2人の孫（20歳と17歳）に500万円ずつ贈与をしました。その後、両親といっしょに国税庁HPの「確定申告書等作成コーナー」（68ページ参照）で贈与税の申告書をつくったところ、1つの疑問に当たりました。「あれ？　同じ500万円でどうして贈与税が違うの？」と。見ると長女のほうが贈与税が4.5万円高いのです。

FIGURE 15 「特例税率」と「一般税率」で贈与税は変わる

何でお兄ちゃんより高いの？

本当だ！

e-Tax

ネットで調べてみたら？

長男（19歳）→（500万円−110万円）−15%−10万円＝48.5万円
長女（17歳）→（500万円−110万円）−20%−25万円＝53万円

　実は、国税庁のソフトがおかしいわけではありません。実は、贈与税には「**特例税率**」と「**一般税率**」、2つの税率があり、父母や祖父母から18歳以上（贈与の年1月1日時点で）の子どもや孫が財産をもらった場合には「特例税率」で計算することになっています。なので長男の贈与税は「特例税率」の速算表で計算します。

　一方で、長女は18歳未満なので「一般税率」で計算することになり、結果的に2人の払う贈与税も違うことになります。

FIGURE 16 「特例税率」と「一般税率」での贈与税負担の比較

特例税率		贈与金額	一般税率	
贈与税	負担率		贈与税	負担率
0万円	0.0%	100万円	0万円	0.0%
9万円	4.5%	200万円	9万円	4.5%
19万円	6.3%	300万円	19万円	6.3%
33.5万円	8.4%	400万円	33.5万円	8.4%
48.5万円	9.7%	500万円	53万円	10.6%
68万円	11.3%	600万円	82万円	13.7%
88万円	12.6%	700万円	112万円	16.0%
117万円	14.6%	800万円	151万円	18.9%
147万円	16.3%	900万円	191万円	21.2%
177万円	17.7%	1,000万円	231万円	23.1%

→ 500万円の贈与で贈与税の負担は10%（実は速算表の税率ほどの負担ではない）

　「特例税率」では、財産をあげる人が父母や祖父母など直系の人であることが条件になっているため、例えば、おばさんからの贈与であれば、いくら18歳以上だとしても、「一般税率」で計算することになります。

　なお、贈与額が410万円以下の場合には、贈与税はどちらも同じになります。

贈与税の2つの税率

○特例税率…父母や祖父母から財産をもらう18歳以上の子どもや孫

○一般税率…特例税率を利用できない人

選ばれし者だけが使える 贈与税の計算方法

「相続時精算課税」を利用できるのは限られた方だけ。利用する場合には税務署へ届出書を出す必要がありますが、一度選ぶと取消すことはできません。これまで使い勝手が悪かった「相続時精算課税」。2024年1月からルールが大きく変わります。

1 選ばれしものだけが使える「相続時精算課税」

　贈与税のもう1つの計算方法、「**相続時精算課税**」は「あげる人」と「もらう人」に条件があり、誰でも利用できるわけではありません。贈与年の1月1日の時点で、以下に該当する選ばれた人だけが利用できる計算方法です。

> ・あげる人→60歳以上の父母や祖父母
>
> ・もらう人→18歳以上の子どもや孫

　「**暦年課税**」では、非課税枠（年間110万円）を超えると、贈与税がかかります。一方で、「相続時精算課税」には、2,500万円の特別控除があり、累計2,500万円までは贈与税がかかりません。累計で2,500万円を超えたときには、その超えた金額に20%の贈与税がかかります。一度に大きな財産を渡したい場合には、「暦年課税」に比べて贈与税の負担を抑えることができます。

> 相続時精算課税の計算方法
>
> 贈与税＝（財産合計額－特別控除（累計 2,500 万円））× 20%

「相続時精算課税」にするかどうかは財産をわたす人ごとに選ぶことができます。例えば、父とは「相続時精算課税」、母とは「暦年課税」というように。

　もし、「相続時精算課税」を利用する場合には、贈与があった年の翌年3月15日までに税務署に届出書を出して意思表示することが必要です。また、特別控除をいくら使ったかを税務署がチェックしたいため、贈与税がかからなくても申告が必要になります。

　なお、この「相続時精算課税」、大きなデメリットは一度選ぶと取り消しができないことです。「やっぱり暦年課税がいい」と選び直すことができない「片道切符」であるため、利用するかどうかはメリット・デメリットを踏まえて慎重に決めましょう。

2　「相続時精算課税」を利用するならこんなケース

　では、どんなときに「相続時精算課税」を検討するのがいいのでしょうか。

　贈与すると贈与税が大きな負担になるけど、明らかに相続税がかからないといった場合、収益性のある財産を渡したい、これから価値が上がると想定される財産を渡したい場合などに利用を検討します。

3　目先の2,500万円の控除額は大きいけれど…

　相続時精算課税で財産をもらってから、あげた人が亡くなったときにはどうなるのでしょうか。「相続時精算課税」という文字を見て、もしかしたら気づいた方もいらっしゃるかもしれません。

　「暦年課税」の場合には、相続から3年以内（2024年からは7年以内）の財産だけを相続財産に上乗せすればいいのですが、「相続時精算課税」を選んだあとの財産は、すべて相続財産に上乗せすることになります。（2023年12月31日時点）仮に「相続時精算課税」

で2,500万円の財産を特別控除を利用して無税で贈与したとして
も、相続のときには2,500万円まるまる相続税の対象になるわけで
す。目先の特別控除額は2,500万円とインパクトがあるのですが、
特別控除は贈与税のための控除であって、精算時点の相続税では控
除はゼロだということです。

　この「相続時精算課税」、多くのケースで相続税の節税効果もな
いことから扱いにくく、2023年までの利用は、暦年課税の1割程
度と閑古鳥がなく状況でした。ただ、この「相続時精算課税」が
2024年から生まれ変わるのです。

FIGURE 17 「暦年課税」と「相続時精算課税」の比較

項目	暦年課税	相続時精算課税
あげる人	誰でも	60歳以上の父母・祖父母
もらう人	誰でも	18歳以上の子ども・孫
利用の意思表示	不要	届出書を期限までに
選択後の取り消し	選択の意思表示を必要としないため「制限なし」	できない
非課税枠	もらう人ごとに年間110万円まで	特別控除2,500万円（2024年からは年間110万円も追加）
申告の有無	もらった財産が年間110万円以下なら不要	2023年までは必ず申告（2024年以降は年間110万円以下なら不要）
相続財産への上乗せ期間（持ち戻し）	3年間（2024年以降は7年間に）	選択後の全期間
贈与税率	110万円を超えた額に10%〜55%	累計2,500万円を超えた部分に20%
「相続税＜贈与税」となった場合の贈与税の戻り	なし	あり（相続税の申告が必要）

4 2024年からの相続時精算課税

　税務署は大きく舵を切りました。2024年からの「相続時精算課税」では、これまでの特別控除（累計2,500万円）に加えて、暦年課税と同じように年間110万円の**非課税枠**が追加されることになったのです。

相続時精算課税の計算方法

贈与税＝

（財産合計額−非課税枠110万円−特別控除（累計2,500万円））×20%

↑

2024年から追加

　さらにこれまでと違うのは、もらう財産が年間110万円以下の場合には、贈与税の申告をしなくてもよくなります。「使い勝手が悪い」というこれまでの「相続時精算課税」のイメージを払拭するほどの大きな変更です。注意したいのは、たとえもらう財産が110万円以下でも、「相続時精算課税」を選ぶための「届出書」だけは、税務署に出さないといけないという点です。

　これまでは贈与税の申告をし、「相続時精算課税の届出書」もあわせて出せばよかったのですが、今後はもらった財産が年間110万円以下なら贈与税の申告をしなくてもいいわけです。となれば、「贈与税がかからないから申告しなくていいよね」と考え、届出書も出し忘れる可能性があります。

　「相続時精算課税」を選ぶ場合は、たとえ110万円以下の贈与でも、贈与契約書をつくるとともに、精算課税の届出書を出して税務署に意思表示をすることを忘れないようにしましょう。「精算課税を使うよ」と手を挙げないと、税務署には気づいてもらえません。

FIGURE 18 「相続時精算課税」には事前の届出が必要

相続時精算課税選択届出書

「相続時精算課税」を利用するなら、財産をもらった年の翌年3月15日までに税務署に出す必要があります。

事前の届出が必要

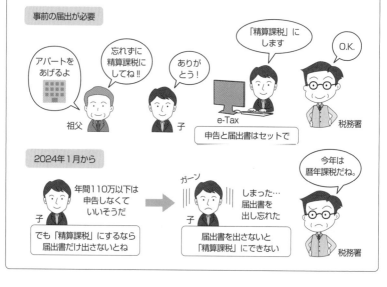

アパートをあげるよ

忘れずに精算課税にしてね!!

ありがとう!

祖父　子

「精算課税」にします

O.K.

e-Tax

申告と届出書はセットで

税務署

2024年1月から

年間110万以下は申告しなくていいそうだ

でも「精算課税」にするなら届出書だけ出さないとね

子

ガーン

しまった…届出書を出し忘れた

届出書を出さないと「精算課税」にできない

子

今年は暦年課税だね。

税務署

44

FIGURE 19 「相続時精算課税」の流れ

贈与のとき

①相続時精算課税で贈与

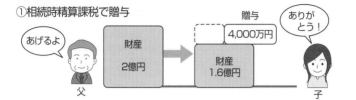

あげるよ

財産
2億円

贈与
4,000万円

財産
1.6億円

ありがとう！

父　　　子

②贈与税の申告と納付

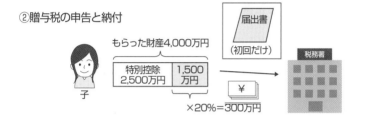

子

もらった財産4,000万円

| 特別控除 2,500万円 | 1,500 万円 |

×20%＝300万円

届出書
（初回だけ）

税務署

相続のとき

③相続税の申告で過去の贈与も精算
（もらった財産を「持ち戻し」する）

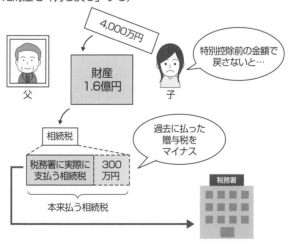

4,000万円

財産
1.6億円

父　　　子

特別控除前の金額で
戻さないと…

相続税

| 税務署に実際に 支払う相続税 | 300 万円 |

本来払う相続税

過去に払った
贈与税を
マイナス

税務署

妻に自宅をプレゼント
したほうがいい？

「贈与税の配偶者控除」は、長年連れ添った妻に既にある自宅の
権利を贈与したり、これから買う自宅の購入資金をわたしても最
大2,000万円まで贈与税がかからない「非課税の特例」です。た
だし、デメリットもあるので注意が必要です。

1 贈与税の配偶者控除

　文字どおり配偶者に限定された贈与税の非課税特例です。長年連
れ添った妻（夫）に、既にある自宅や家を買うためのお金をあげても、
最大2,000万円まで贈与税がかからないという特例です。もし、
2,000万円を超える場合には、暦年課税の非課税枠（110万円）
と配偶者控除の2,000万円を合計した2,110万円差額に贈与税が
かかります。

　ちなみに、利用の条件は次のようなものです。

> ・婚姻期間が20年以上の配偶者
>
> ・住宅または住宅を建てるためのお金を贈与でもらう
>
> ・翌年3月15日までに家に住み、その後も住み続ける
>
> ・贈与税の申告をする（もらった年の翌年3月15日までに）

また、その後にあげた夫（妻）が亡くなった場合、通常は相続前3年以内（2024年からは7年）にもらった財産を相続財産に上乗せして相続税を計算する必要があるのですが、この配偶者控除額については、上乗せしません。ここまで見ると節税になるように映るのですが、実はこの特例にはデメリットも潜んでいます。

2 実はコスト増のデメリットも

実は配偶者には「配偶者の税額軽減」という相続税の特例があり、配偶者は1.6億円まで相続税がかかりません（第3章でお伝えします）。つまり、贈与税の配偶者控除額が相続税の計算で上乗せされないとしても、夫に相続税がかからない場合や配偶者に引き継ぐ財産が1.6億円以下の場合は贈与でなく、相続で自宅を引き継いだ方が有利です。

また、贈与で不動産をもらうと、不動産取得税や登記費用などの移転コストがかかります。そのコストが相続で引き継ぐ場合に比べて高いのです。

さらに、配偶者が財産を多く持っている場合には、持っている財産が上乗せされて、2次相続での相続税が増えてしまう可能性もありますから、「贈与税の配偶者控除」を使うかどうかは、2次相続も踏まえて考えたほうがいいでしょう。

20 贈与税の配偶者控除

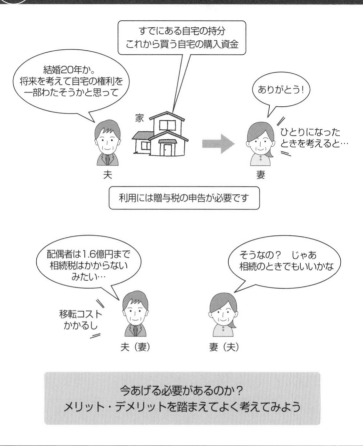

48

CHAPTER 2-7 子どもにマイホームのお金をあげるならお金に色がつく

「住宅取得資金贈与の特例」は子どもや孫が住宅を買うためのお金をあげた場合、最大1,000万円まで贈与税がかからない「非課税の特例」です。ただし、もらったお金を家を買うために使う必要があります。

1 住宅取得資金贈与の特例

18歳以上の子どもや孫が住宅を買ったり、リフォームなどするのに、父母や祖父母からもらったお金を頭金などに充てた場合には、もらったお金について贈与税が非課税（最大1,000万円）になります。

ただし、贈与税が非課税になるだけにハードルは高いです。

― ■条件 ―

(1) 父母（祖父母）からの贈与

(2) もらう子どもや孫が1月1日時点で18歳以上

(3) 合計所得金額が2,000万円以下

（家屋の床面積40㎡以上50㎡未満の場合は1,000万円以下）

(4) もらったお金の全額を家の購入などに充てる

(5) 翌年3月15日までに住むまたはその後遅滞なく住む見込み

(6) 翌年3月15日までに贈与税の申告をする

条件を見ていただくとけっこうハードルが高いと感じるかもしれません。

CHAPTER 2 知ってトクする！ 贈与税のルール

ただ、この前提条件をクリアできれば、省エネ等住宅については最大1,000万円、それ以外の住宅は最大500万円が非課税になります。現状のルールでは2023年12月31日までの贈与で終了となっていますが、延長の可能性もあります。

　デメリットを挙げるなら、自宅を購入することで親の相続のときに自宅土地について「小規模宅地等の特例」（3-15「自宅の評価がわずか2割になる理由」を参照）を受けられなくなる可能性があることです。（持ち家がない親族に該当しなくなる）

② お金に色がつく

　お金には色がないとはよくいわれますが、この特例についてはお金に色がつきます。お金の動きが順番通りでないといけないのです。具体的には、その年にお金をもらい、その全額を家の購入などに充てるという順番です。逆にマイホームを買ってから後でお金をもらっても、特例を利用することはできません。

　贈与税の申告期限に1日でも遅れてしまえば、「非課税の特例」も使えず、贈与税の負担が大きくなってしまうこともあわせてお伝えしておきます。

③ 相続で「持ち戻し」されず節税に

　「住宅取得資金贈与の特例」を使ってお金をもらった後に、あげた人が相続を迎えた場合にはどうなるのでしょうか。この場合、非課税の金額については、相続財産に上乗せする必要がありません。

　例えば祖父から孫に住宅資金の贈与をした場合には、世代飛ばしになり（本来は祖父→父→子）、相続税の節税効果も大きくなります。

教育資金をまとめてあげる場合の3つのデメリット

「教育資金の一括贈与の非課税特例」は、まとまったお金で教育資金を渡したいときに利用できる「非課税の特例」です。ただし、手間がかかる、30歳になったときに口座残高に贈与税がかかるなどデメリットも多いです。

1 「教育資金の一括贈与の非課税特例」とは？

父母や祖父母が子どもや孫に教育資金を一括で渡す場合に、最大1,500万円まで贈与税が非課税になる特例です。この特例を使う場合、銀行で非課税申告の手続きをします。

この「教育資金」には、学校の入学金や授業料、学用品や塾・ピアノ教室・スポーツ教室など習いごとの支払いも含みます。

また、この特例では、毎年の贈与税の申告を必要とせず、事前に銀行や証券会社などに専用口座をつくって、贈与でもらったお金を入金、教育費が必要になる都度、手続きして非課税でお金を受け取ることになります。（現状は2026年3月31日まで利用できることになっています。）

この特例を利用している途中、お金をあげた父母、祖父母に相続があれば、そのときの口座残高に相続税がかかります。ただし、亡くなったときに子どもや孫が23歳未満、学校に在学中などの状況に該当する場合には、相続税の対象にはなりません。（2023年4月1日以降の拠出の場合には、23歳未満などに該当する場合でも、父母や祖父母の相続のときの課税財産が5億円を超えるときは、口座残高に相続税がかかります。）

目的があるなら、利用を検討してみてもいいでしょう。ただし、デメリットもあります。

2 「教育資金の一括贈与の非課税の特例」に潜む3つのデメリット

　「教育資金の一括贈与の非課税特例」のデメリットを3つ挙げておきます。

(1)　手続きに手間がかかる

　この特例で受け取るお金を非課税にするには、毎年教育費を払う証明として領収書を銀行に出す必要があります。この手間は大きなデメリットでしょう。

(2)　忘れた頃に贈与税がかかる

　実は、30歳なるまでに教育費に使い切れなかった残高には、贈与税がかかることになっています。贈与で口座に入金されてから、教育費を払い終わるのが20代前半だとしたら、その後、30歳になって社会人になって忘れた頃に贈与税を払うことになります。また贈与したときからの期間が長く、当初の予定と進路が変わっている可能性もあります。すると残高にも影響はあるでしょう。

(3)　お金を口座に入れすぎてしまう可能性がある

　一度口座にお金を入れてしまうと、簡単には引き出せなくなります。そのときに「渡したい」「お金の余裕はある」という気持ちだとしても、10年後、20年後のことは誰にもわかりません。長生きのために必要になるお金もあるでしょうし、考えが変わることもありえます。

3 その都度渡すなら「そもそも非課税」

「孫の教育のためのお金を出してあげたい」という気持ちがあるときはどうしたらいいのでしょう。ここで思い出していただきたいのが、教育費を必要な都度に渡す場合には、贈与税は「そもそも非課税」ということです。その都度に教育費を払うなら、ご自身の将来のためのお金を確保しつつ、孫に贈与することができますし、教育口座に入れたお金のように簡単に引き出せないといったこともありません。

贈与は渡したい相手に確実にわたせるメリットはあるのですが、長い期間で気持ちや生活環境が変わることもあります。そうした変化にも対応できるように、なるべくお金を動かしやすくしておくこと、贈与するなら余裕資金の範囲内で、という考えが大事です。

デメリットも多いので
まずは「そもそも非課税」
を検討しよう

21 「教育資金の一括贈与の非課税特例」

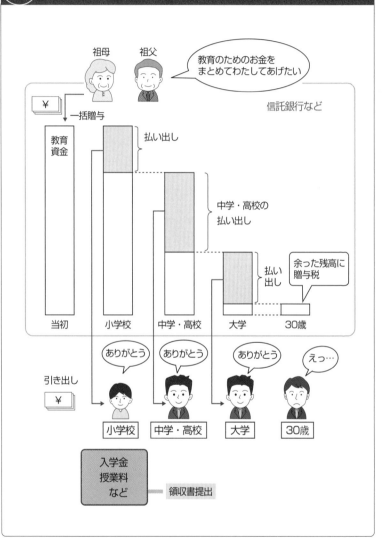

結婚や子育てのお金をまとめてあげると特例で非課税。でもその都度わたせば…

「結婚・子育て資金の一括贈与の非課税の特例」は、まとまったお金で結婚や子育て資金をわたしたいときに利用できる「非課税の特例」です。ただ、その都度に必要な分を払うのであれば、結婚・子育て資金も「そもそも非課税」です。

1 結婚費用は「そもそも非課税」

結婚するときに、両親（祖父母）から子どもへのお祝いで結婚式の費用に加えて、家具や寝具、家電などの日用品をプレゼントすることは通常です。ただ、「金額が多いと贈与になるのでは？」と思われるかもしれません。

結論からいえば、父など扶養義務者からの結婚式の費用負担はもちろん、新居での家具や家電などを買うためのお金をもらった場合、常識の範囲内であれば贈与税は「そもそも非課税」です。

また、結婚祝いなどでもらうお金も、あげる人ともらう人の関係から見て相当だと考えられる場合には、贈与税はかかりません。結婚のお祝いで渡したいのに贈与税がかかるとなれば、うれしい気持ちも興ざめです。…ということで、常識の範囲内なら非課税です。

2 「結婚・子育て資金の一括贈与の非課税特例」

結婚や出産、子育てのお金をまとめて渡したいという希望もありえます。

そこで、子や孫（もらう人の年齢は18歳以上50歳未満）が結婚、出産・子育てなどのお金を父母や祖父母から一括でもらっても、贈与税がかからない非課税の特例があります。それが「**結婚・子育て**

資金の一括贈与の非課税特例」。この特例も前ページの「教育資金の一括贈与」と同じように、銀行や証券会社などに口座をつくって一括贈与でもらったお金を入金し、必要になる都度に手続きしてお金を受け取ることになります。この特例なら1,000万円まで（うち結婚資金に限っては300万円まで）は、贈与税がかからずにお金を受け取ることができます。（現状は2025年3月31日まで利用できる予定です。）

　もし、口座にお金が残ったまま、父母（祖父母）が亡くなったら、その残高には相続税がかかります。（「教育資金の一括贈与の非課税特例」とは、少しルールが違います。）

　また、一度口座にお金を入れてしまうと、引き出すのはカンタンではありません。

　前述したように、結婚や子育てで必要になる都度にお金を渡して使い切る、貯蓄にまわらないのであれば、贈与税は「そもそも非課税」です。

　ということで、この特例の利用を検討するのは、その都度の贈与では足りないような場合など、ごく限られた場面でいいでしょう。

結婚・子育て資金の範囲

(1)　結婚資金（ただし300万円限度）
- 婚礼費用（挙式費用や衣装代など）
- 新生活費用（家賃や敷金、転居費用）

(2)　子育て資金
- 不妊治療や妊婦健診・分娩費用・子どもの医療費
- 幼稚園や保育園の保育料

不動産を贈与すると
デメリットもある

　不動産も財産として贈与でわたすことができますが、贈与税に加えて不動産取得税や登録免許税、登記費用などの移転コストもかかります。不動産を贈与するなら移転コストも含めて贈与を検討する必要があります。

1　不動産の贈与には移転コストもかかる

　お金と同じように**不動産**も財産。贈与することはできます。ただ、不動産を贈与する場合は注意が必要です。

　というのも、不動産はお金と違って分けにくい財産。贈与税も大きくなる傾向にあるからです。また、不動産を贈与した場合、移転コストがかかります。そのコストが相続に比べるとかなり高いのです。

　もし、不動産をあげれば、贈与税も移転コストも払うのももらう人。不動産をあげたいなら移転コストまで含めて検討する必要があります。

2　贈与した土地は相続税で損をする

　土地を贈与をしたその後に損をする可能性があります。その理由の1つに「**小規模宅地等の特例**」があります。

　相続で引き継いだ土地のうち、要件をクリアした土地については、200㎡～400㎡までの一定の面積を80％または50％評価額を減らせるのです。相続税の節税を考えると、ぜひとも使っておきたい特例です。（具体的な内容については第3章にてお伝えします。）

ただ、この特例を使えるのは、相続や遺言によって土地を引き継いだ場合だけ。贈与でもらった土地には利用できず相続税の節税もできないことになります。

　せっかく土地という大きなプレゼントをしたのに、払う相続税が増えてしまい喜んでもらえないというのは避けたいものです。

　生前のうちにどの土地で「小規模宅地等の特例」を利用するかを考えておき、利用する予定の土地を贈与するのはやめておいたほうがいいでしょう。

❸ 値下がりしそうな不動産

　不動産をあげたとしても、相続税がかかるなら「持ち戻し」で相続財産に上乗せされる可能性があります。そうなれば、移転コストだけがかかったことになります。また、土地が相続時点で贈与時点より値下がりしていたとしても、相続財産に上乗せされるのは贈与時点での評価額ですから、損することになります。

　例外として、アパートなど収入のある建物の贈与なら建物の価値が下がるとしても、贈与後はアパートから生まれる不動産収入を子どもや孫が得られるようになるので、「相続時精算課税制度」を利用して贈与しておくメリットも出てきます。

FIGURE 22　不動産を贈与した場合の移転コスト

不動産所得税も登録免許税も「固定資産税評価額×税率」をもとに計算

項目	贈与	相続
登録免許税	2%	0.4%
不動産取得税	3%※	非課税
収入印紙（贈与契約書）	200円	―

※不動産取得税は控除額もある

FIGURE 23　アパート、建物を贈与するパターン

「相続時精算課税」を利用してアパートを贈与

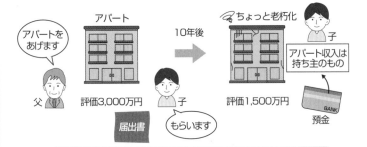

アパート

アパートを
あげます

父　　評価3,000万円

届出書

もらいます

子

10年後

ちょっと老朽化

子

アパート収入は
持ち主のもの

評価1,500万円

預金　BANK

相続税の計算では3,000万円で上乗せで損
ただし、贈与後のアパートを収入が子どもにわたせる

メリット　：　親がアパートを複数持っている場合は、
　　　　　　　所得の分散効果や納税資金の対策にもなる
デメリット：　移転コストがかかる

「もらったつもりがないのに贈与税」 にご注意!!

「あげた」「もらった」という贈与契約をしていなくても、目に見えない利益をもらっていると判断された場合には、贈与税がかかります。

1 子どもに代わって借金を返済する

贈与には「あげる」、「もらう」とお互いの意志表示があることが前提だという話をしてきました。ただし、税金のルールでは、意思表示がなくても、「実態として財産をもらったことと同じ」という場合には、**贈与税**がかかります。

例えば、子どもの借入金を父が代わりに返済したというような場合です。この場合、子どもはお金を払うことなく、借入金の返済が終了していますから、トクをしています。この場合、親が子どもにお金を贈与して、そのお金で返済をしたと考え、贈与税がかかります。

贈与の契約はしていないけど、そのまま放置したらもらった人がトクをして不公平になるような場合には、贈与税がかかるわけです。

ただし、赤字続きで貯金が底をつき、とても返済できる状態ではなく、自己破産するしか道がないといったような場合での父の返済であれば、贈与税はかかりません。

生命保険の掛け方を間違えると損する

父が亡くなったときの保険契約を事例に考えてみます。

被保険者：父

契約者（保険料負担）：母

保険金受取人：子ども

という終身保険を契約していた場合、被保険者である父が亡くなったときに子どもが生命保険金を受け取ります。この場合、保険を払う母から子どもへの贈与があったと判断されて、贈与税がかかるのです。もし、同じ終身保険でも保険料を母でなく父が払っていれば、相続税の対象になり、生命保険金の非課税枠「500万円×法定相続人の数」を利用することができます。掛け方を間違えないように注意しましょう。贈与になる掛け方は損です。

24 保険の掛け方でかかる税金が変わる

契約者	被保険者	保険全受取人	税金
父（亡くなった人）	父（亡くなった人）	子ども（相続人）	相続税 （非課税枠あり）
子ども（相続人）	父（同上）	子ども（相続人）	所得税 （子どもの一時所得）
母（相続人）	父（同上）	子ども（相続人）	贈与税 （母から子への贈与）

CHAPTER 2

12 贈与税の時効は何年？

贈与税の時効は6年です。ただし、事実を隠したり、偽装すると悪質だと判断されて7年になります。もし、贈与税の申告を忘れていたことに気づいたら、早めに申告しておきましょう。単なるミスなら罰金（ペナルティ）を払えば、税務署に怒られることはありません。

1 贈与税の時効は6年、隠すと7年

実は税金の世界にも時効があります。**贈与税の時効**は申告期限から6年。相続税が5年なので、贈与税のほうが1年長いことになります。

ただし、事実を隠したり、偽装すると、悪質だとされて時効は7年になります。

もっとも、税務署が日本中のお金の動きを常に把握しているわけではありません。気づくのは相続税の税務調査のときや不動産の名義変更をした場合などが多いです。

2 あとで気づいたらすぐに申告しないと損

もし、時効になる前に贈与税の申告が必要だったことに気づいたら、期限後でも自主的に申告しておくことをおすすめします。なぜなら、自分から申告するのと、税務署からの指摘でバレて申告する場合とでは、贈与税とともに払うペナルティの税額に大きな差があるからです。「税務署にあと4年バレなきゃいいでしょ…」と贈与があったことを隠したり、引き伸ばしていると、税務署から連絡が来てしまうことがあります。悪質ならペナルティは重くなります。

税務署は時効になるのを避けたいわけです。徹底的に調査をするので、時効までたどり着くことは、あまりないと考えておいたほうがいいでしょう。「時効までバレなきゃいいけど…」と不安に怯える毎日を過ごすくらいなら、期限後でもサッと申告してしまったほうが穏やかに過ごせます。ただ悪質な場合はともかく、知らなかったのは単なるミスですから、税務署に怒られるようなことはありません。

FIGURE 26 申告に関するペナルティ（罰金）

自分から申告するのと税務署に見つかるのとは罰金が違う

ペナルティの種類	ペナルティの内容		自主申告	税務署からの指摘
無申告加算税	申告していなかった場合		5%	10〜15% ※（15〜30%）
過少申告加算税	申告していたが、もれがあった場合		—	5〜10% ※（10〜15%）
重加算税	財産を隠していた場合など （前歴があればアップする）	無申告	—	40% （前歴あり50%）
		過少申告	—	35% （前歴あり45%）
延滞税	納税が遅れたことによる利息部分（2023年末までの率）	申告期限から2か月以内		年利2.4%
		2か月経過後		年利8.7%

※追加の税額のうち「期限内申告税額」または「50万円」のいずれか多い金額を超える部分

13 「贈与契約書」をつくるべし

贈与契約があった事実を後からでもわかるように契約書をつくっておきましょう。未成年者の場合には、親権者の同意が必要です。ここでは贈与契約書のつくり方について解説します。

1 贈与をするなら契約書は必須

贈与契約書には、次のようなことを記載しておきます。

> (1) あげる人の住所・名前
> (2) もらう人の住所・名前
> (3) 贈与契約の日
> (4) 贈与する日（〇月〇日までに）
> (5) 財産の内容（金額）

この贈与契約書を2通つくって、お互いに保管しておきます。それによってお互いに贈与があったことを後からでも確認することができます。また、契約書の署名はそれぞれが自署しておくべきです。なぜなら、筆跡はそう簡単に真似できるものではないからです。

2 未成年がもらう場合は親権者が署名する

もらう人が未成年の場合はどうなるでしょうか。例えば、子どもは契約ができませんし、赤ちゃんなら「もらう」の意思表示もできません。ただ、贈与は未成年との間でもできます。その場合、贈与契約書には**親権者**である親が署名します。

それとともに財産も親が管理することになります。お金なら預金口座をつくってその口座に振込みで入金するようにしましょう。ただし、未成年の間に限ってのはなしです。

FIGURE 27　贈与契約書（お金の贈与の場合）

贈 与 契 約 書

贈与者＿＿＿＿＿＿＿＿＿＿（以下「甲」という。）と受贈者＿＿＿＿＿＿＿＿＿＿（以下「乙」という。）は下記のとおり、贈与契約を締結する。

あげる人、もらう人、あげる財産を明記する

第1条
　甲は、乙に対して、金＿＿＿＿＿＿＿円を無償で贈与することとし、乙はこれを承諾した。

第2条
　甲は、第1条の財産を乙の下記指定口座に＿＿年＿＿月＿＿日までに振込むものとする。

　金融機関名　＿＿＿＿＿＿＿＿＿銀行 ・ 信用金庫 ・ 信用組合 ・ 協同組合
　支店名　＿＿＿＿＿＿＿＿＿支店
　口座種別　　普通 ・ 当座
　口 座 番 号　No.＿＿＿＿＿＿＿＿＿

上記の契約を証するため、本書2通を作成し、各自署名押印のうえ保有する。

＿＿＿＿年＿＿月＿＿日　←　**契約日を記入する**

　　　　　贈与者（甲）
　　　　　住所＿＿＿＿＿＿＿＿＿＿＿＿＿
　　　　　名前＿＿＿＿＿＿＿＿＿＿＿㊞

住所・氏名を記入（氏名は必ず自署する）

　　　　　受贈者（乙）
　　　　　住所＿＿＿＿＿＿＿＿＿＿＿＿＿
　　　　　名前＿＿＿＿＿＿＿＿＿＿＿㊞

実印か認印

成人したら、本人に通帳や印鑑を渡すなどして、その財産を管理してもらいます。また、贈与税がかかる場合には、未成年のうちは親権者が本人の名前で贈与税の申告をしておきましょう。

FIGURE 28 未成年者の場合の贈与契約書（お金の贈与の場合）

贈与契約書

贈与者＿＿＿＿＿＿＿＿＿＿（以下「甲」という。）と受贈者＿＿＿＿＿＿＿＿＿＿（以下「乙」という。）は下記のとおり、贈与契約を締結する。

> あげる人、もらう人、あげる財産を明記する

第1条
甲は、乙に対して、金＿＿＿＿＿＿＿円を無償で贈与することとし、乙はこれを承諾した。

第2条
甲は、第1条の財産を乙の下記指定口座に＿＿年＿＿月＿＿日までに振込むものとする。

金融機関名 ＿＿＿＿＿＿＿＿銀行 ・ 信用金庫 ・ 信用組合 ・ 協同組合
支店名 ＿＿＿＿＿＿＿＿支店 口座種別 普通 ・ 当座
口 座 番 号 No.＿＿＿＿＿＿＿＿

上記の契約を証するため、本書2通を作成し、各自署名押印のうえ保有する。

＿＿＿年＿＿月＿＿日 ← 贈与日を記入する

贈与者（甲）
住所＿＿＿＿＿＿＿＿＿＿＿＿
名前＿＿＿＿＿＿＿＿＿＿＿＿ ㊞

受贈者（乙）【親権者が代筆】
住所＿＿＿＿＿＿＿＿＿＿＿＿
名前＿＿＿＿＿＿＿＿＿＿＿＿ ㊞

受贈者（乙）の親権者
住所＿＿＿＿＿＿＿＿＿＿＿＿
名前＿＿＿＿＿＿＿＿＿＿＿＿ ㊞

受贈者（乙）の親権者
住所＿＿＿＿＿＿＿＿＿＿＿＿

> 住所・氏名を記入する（親権者も含めて氏名は必ず自署する）

> 実印か認印

贈与税の申告は無料の「確定申告書等作成コーナー」でおトク

> 贈与税の申告が必要な場合には、国税庁の確定申告書等作成コーナー（無料）を利用してつくってみましょう。マイナンバーカードとスマホがあれば、自宅のパソコンから申告することができます。ここではその利用方法について見ていきます。

1 贈与税の申告は「確定申告書作成コーナー」で

　贈与税の申告は、贈与税の申告書を e-Tax を用いて税務署に出すことができます。無料で利用することができますので、財産をもらったらぜひ、ご自身で申告に挑戦してみましょう。

　本書では、国税庁の「**確定申告書等作成コーナー**」*（https://www.keisan.nta.go.jp/kyoutu/ky/sm/top#bsctrl）を使ってパソコンで操作する方法を解説します。ここから贈与税の申告書をネットで出すことができます。

　まずは、その年の1月1日から12月31日までの1年間で財産をいくらもらったかを確認してみましょう。もし、年間110万円を超えている場合、または「相続時精算課税」を利用する場合には、翌年の3月15日までに贈与税の確定申告が必要です。

　また、「相続時精算課税」をはじめて利用する場合には、「**相続時精算課税選択届出書**」を税務署に出す必要がありますが、これも申告書をつくる流れで一緒に出すことができます。e-Tax で申告する場合には、e-Tax の利用者識別番号とマイナンバーカード、スマホ（マイナンバーカード読取対応）、マイナポータルアプリ（無料でダウンロードできます。）を準備します。

　仕様は2023年10月3日現在のものです。

ログインの手順（「暦年課税」「相続時精算課税」で共通）

確定申告書等作成コーナーで [作成開始] ボタンをクリックし、以下から税務署への提出方法を選びます（ここではスマホを使用して e-Tax をする流れをお伝えします）。

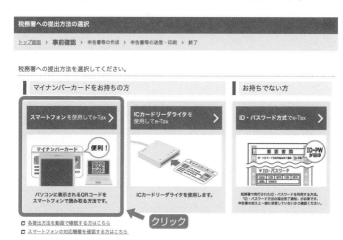

続いて、一番右の贈与税をクリックしましょう。事前準備の画面に切り替わるので、必要なものがあるか確認しましょう。問題なければ次に進みます。

令和4年分の申告書等の作成　▲

所	青色 白色 決　所	消	贈
所得税	**決算書・収支内訳書（＋所得税）**	**消費税**	**贈与税**
所得税の確定申告書を作成します（医療費控除、寄附金控除、住宅ローン控除など）。	事業所得や不動産所得、雑業務に係る雑所得のある方が、青色申告決算書や収支内訳書を作成します。	個人の事業者の方が、消費税の確定申告書を作成します。	財産の贈与を受けた方が、贈与税の申告書を作成します。

※ 事業所得や不動産所得がある方は、「決算書・収支内訳書（＋所得税）」を選択してください。
　決算書・収支内訳書の作成後、引き続き所得税の申告書を作成することができます。

　スマホを利用して e-Tax で申告する場合には、画面に表示された QR コードをスマホのマイナポータルアプリのカメラで読取り、スマホに表示された画面に、マイナンバーカードのパスワードを入力します。

マイナポータルアプリでQRコードを読み取ります

この画面に表示されたQRコードを以下の手順で読み取り、e-Taxの登録状況を確認します。

① スマートフォンでマイナポータルアプリを起動
② アプリ内の画面右下のQRコードアイコンをタップ
③ アプリメニューの「QRコード読取」をタップ

🔗 マイナポータルアプリのインストールはこちら
🔗 スマートフォンでマイナンバーカードをうまく読み取れない時の確認事項はこちら

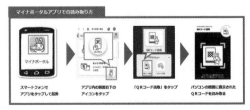

マイナポータルアプリでの読み取り方

スマートフォンでアプリをタップして起動 → アプリ内の画面右下のアイコンをタップ → 「QRコード読取」をタップ → パソコンの画面に表示されたQRコードを読み取る

画面が切り替わったらマイナンバーカードにスマホをかざして、本人情報を読取ります。

認証したマイナンバーカードから、パソコンの画面に名前や住所が表示されます。この認証をもとに e-Tax での送信が1クリックで可能になります。

画面に表示された内容に問題なければ次へ進みましょう。

次からは「暦年課税」と「相続時精算課税」をそれぞれで説明します。

■手順1

「贈与税の申告書作成開始」をクリックします。

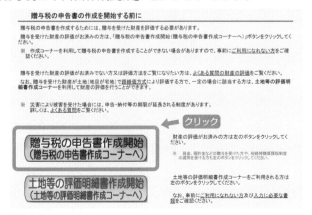

暦年課税の場合

まずは「暦年課税」の場合について、説明していきます。

【前提】 2022年8月17日に父から300万円のお金を
もらった

■手順2

一番上の「一般の贈与をクリックします。もし、特例を
利用する場合は、その下にあるいずれかを選びましょう。

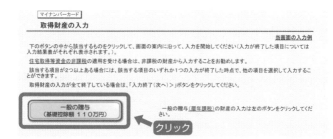

■手順3

次に「誰からもらったか？」を入力します。

お金を贈与した人の氏名や住所などを入力しましょう。

■手順4

財産の種類、もらった日などを入力します。所在地の欄には、振込み先の銀行口座などを入力しておくと、後からでも申告書を見れば入金先口座がわかるので便利です。

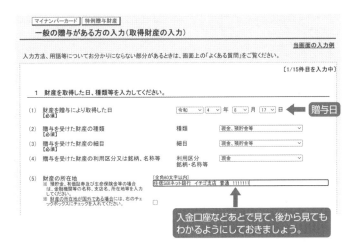

入金口座などあとで見て、後から見てもわかるようにしておきましょう。

■手順5

画面を下にスクロールし、その年にもらった金額を入力し、入力終了をクリックします。

■手順6

この画面で、できあがった申告書を確認しましょう。

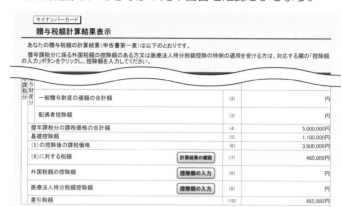

マイナンバーカード

贈与税額計算結果表示

あなたの贈与税額の計算結果（申告書第一表）は以下のとおりです。

暦年課税分に係る外国税額の控除額のある方又は医療法人持分税額控除の特例の適用を受ける方は、対応する欄の「控除額の入力」ボタンをクリックし、控除額を入力してください。

暦与 年財 課産 税分 区区 分分				
	一般贈与財産の価額の合計額	(2)	円
	配偶者控除額	(3)	円
暦年課税分の課税価格の合計額		(4)	5,000,000円
基礎控除額		(5)	1,100,000円
(5)の控除後の課税価格		(6)	3,900,000円
(6)に対する税額	計算結果の確認	(7)	485,000円
外国税額の控除額	控除額の入力	(8)	円
医療法人持分税額控除額	控除額の入力	(9)	円
差引税額		(10)	485,000円

送信する前に、帳票のイメージ（PDF ファイル）をダウンロードして確認することもできます。

■手順7

そのまま確認を進めると、e-Tax 送信の画面に切り替わります。「送信する」をクリックすると、税務署にデータを送ることができます。

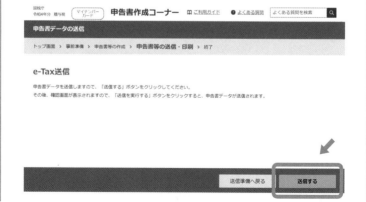

国税庁
令和4年分 贈与税　[マイナンバーカード]　**申告書作成コーナー**　📖 ご利用ガイド　❓ よくある質問　｜よくある質問を検索　🔍

申告書データの送信

トップ画面 ▶ 事前準備 ▶ 申告書等の作成 ▶ **申告書等の送信・印刷** ▶ 終了

e-Tax送信

申告書データを送信しますので、「送信する」ボタンをクリックしてください。

その後、確認画面が表示されますので、「送信を実行する」ボタンをクリックすると、申告書データが送信されます。

	送信準備へ戻る	送信する

■手順8

送信完了後、e-Tax 送信完了の画面に切り替わります。

送信結果の内容

正常に送信が完了しました。

送信結果	以下の内容で令和4年分の申告書データが正常に送信されました。 なお、以下の情報は次の画面以降で印刷する帳票でも確認できます。
提出先	半田税務署
利用者識別番号	1800200020002022
氏名又は名称	植村 豪
受付番号	20230201814330057239428
受付日時	2023/02/01 14:30:59
年分	令和04年分
種目	贈与税
課税価格の合計額	5,000,000
申告期限までに納付すべき税額	485,000

■手順9

提出後、贈与税の申告書の控えを忘れずにダウンロードしておきましょう。

75

また、今回の贈与が「特例贈与」の場合には、もらう人とあげる人の関係がわかる戸籍謄本などの提出が必要になります（初回のみ）。スマホのスキャンアプリなどを使ってPDFファイルにできます。ここからファイル添付して送りましょう。（税務署への郵送でも大丈夫です。）

添付書類のイメージデータ送信

e-Taxで贈与税申告を提出（送信）する場合、別途郵送等で書面により提出する必要がある添付書類について、書面による提出に代えて、イメージデータ（PDF形式）により提出できます。
添付書類をイメージデータ（PDF形式）により送信する方は、「添付書類（PDF）を送信する」ボタンをクリックしてください。

添付書類のイメージデータ送信を行わない方は、画面下の「送信原等印刷へ進む」ボタンをクリックしてください。

添付書類（PDF）を送信する　← PDFファイルを添付

■手順10

　最後に、今回の申告書データを保存しておきましょう。来年以降に贈与税の申告をする場合にも利用することができます。

マイナンバーカード
申告書を送信した後の作業について

新型コロナウイルス感染症の影響により納税が困難な方へ
新型コロナウイルス感染症の影響により、国税を一時に納付することができない場合、税務署に申請することにより、原則として1年以内の期間に限り、猶予が認められることがありますので、所轄の税務署（徴収担当）にご相談ください。
詳しくは、新型コロナウイルス感染症の影響により納税が困難な方へをご確認ください。

ⓘ マイナンバーカードの有効期限にご注意ください
　令和元年（2019年）中にマイナンバーカードを取得された方については、令和5年（2023年）中に電子証明書の有効期限が切れる場合があります。
　電子証明書の有効期限が切れるとe-Taxをご利用できなくなります。
　更新は有効期限の3ヶ月前から可能ですので、お住まいの市区町村の窓口で、お早めの更新をお願いいたします。
　→有効期限の確認方法はこちら

入力データの保存　　　入力データを保存しておくと、来年の申告書等の作成に利用することができます。

入力データを保存する

■手順11

最後に忘れずに贈与税を払います。ネットバンクやクレジットカードなど、ご希望の方法で支払いましょう。

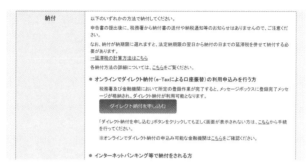

「相続時精算課税」を選んだ場合

ここからは、相続時精算課税の場合の申告方法について、説明していきます。

【前提】 2022年8月17日に父から1,000万円の上場株式をもらった

■手順1

「贈与税の申告書作成開始」から「取得財産の入力」の画面で一番下にある「相続時精算課税…」をクリックします。

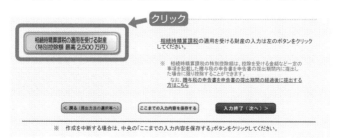

■手順2

特定贈与者（あげた人）の情報を入力します。

マイナンバーカード

特定贈与者（財産をあげた方）等の入力

特定贈与者の人数が2名以上の場合は、まず1名分を入力し、後の「取得財産の入力」画面の「特定贈与者を追加する」ボタンから他の特定贈与者を入力してください。

(1)	特定贈与者の氏名　フリガナ【必須】	[各全角カナ11文字以内]	セイ：ウエムラ　メイ：コジロウ
(2)	特定贈与者の氏名　漢字【必須】	[各全角10文字以内]	姓：植村　名：小次郎
(3)	特定贈与者の住所【必須】	[全角40文字以内]	名古屋市中村区名駅1－1－1
(4)	特定贈与者の生年月日【必須】	昭和 ∨ 18 年 10 月 28 日	
(5)	特定贈与者の続柄【必須】	[その他は全角3文字以内] 続柄：父 ∨	
(6)	あなたは、贈与を受けた日現在において贈与者の直系卑属（子や孫など）である推定相続人又は孫ですか。【必須】	● はい　○ いいえ	
(7)	(1)の特定贈与者からの贈与について相続時精算課税の適用を受けるのは初めてですか。【必須】	● はい　○ いいえ	← 精算課税を利用できるかをチェックしてくれます。

■手順3

「相続時精算課税」を受けるのが、初めてかどうかを選びます。初めてでない場合には、「いいえ」にチェックを入れて、過去の申告で利用した特別控除額（累計額）を入力しましょう。

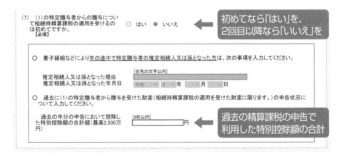

(7) (1)の特定贈与者からの贈与について相続時精算課税の適用を受けるのは初めてですか。【必須】　○ はい　● いいえ　← 初めてなら「はい」を、2回目以降なら「いいえ」を

○ 養子縁組などにより年の途中で特定贈与者の推定相続人又は孫となった方は、次の事項を入力してください。

推定相続人又は孫となった理由　[全角20文字以内]
推定相続人又は孫となった年月日　令和 4 年 ∨ 月 ∨ 日

○ 過去に(1)の特定贈与者から贈与を受けた財産（相続時精算課税の適用を受けた財産に限ります。）の申告状況について入力してください。

過去の年分の申告において控除した特別控除額の合計額（最高2,500万円）　[8桁以内] 円　← 過去の精算課税の申告で利用した特別控除額の合計

■手順4

もらった財産の種類などの情報を入力します。

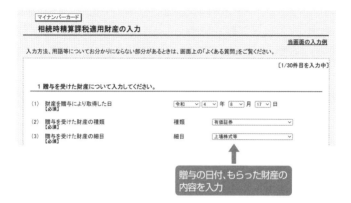

■手順5

画面を下にスクロールし、その年にもらった金額を入力し、「入力終了（次へ）」をクリックします。

■手順6

　この画面でできあがった申告書を確認しましょう。「相続時精算課税」の場合には、贈与税がゼロでも特別控除額を利用していれば、贈与税の申告は必要です。（2024年1月1日以降も）

■手順7

　「相続時精算課税」を初めて利用する場合は、送信確認前の画面で、「相続時精算課税選択届出書」ができていることを確認しましょう。（初めてでない場合にはすでに提出しているため、表示されません。）

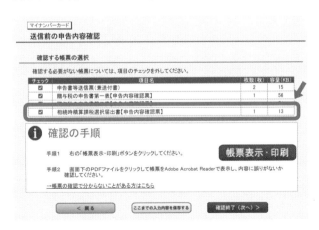

以降は、「暦年課税」の**手順7**以下と同じになります。

贈与する前にココだけは 押さえたい！ 相続のルール

　贈与も相続も財産を渡すという点では同じですが、生前か、 亡くなった後か、という点に違いがあります。一方で、贈与と 相続は切り離せない関係にあり、贈与でトクするには、贈与 だけでなく相続のルールも知っておく必要があります。

　この章では、ここだけは押さえたいという相続のルールを 見ていきます。

贈与と相続は何が違う?

贈与と相続は、財産を別の人にわたすという点では同じですが、生前か亡くなった後かという点で異なります。また、一定額以上の贈与には贈与税、亡くなったときの財産が一定額以上の場合には相続税がかかります。

1 あげる側の意思表示が必要?

相続は、あげる側の意思表示を必要としません。法律で亡くなった方の財産は、相続人が引き継ぐというルールになっているからです。ただし、生前に遺言書をつくることができます。遺言書では「長男にA土地を相続させる」などのように意思表示をすることができます。相続では、遺言書がある場合には、遺言書に書かれたわけ方が優先されます。相続人同士がもめないように、生前に遺言書をつくって、あげる側の意思表示をしておくのも大事なことです。

FIGURE 29 贈与と相続の比較

項目	贈与	相続
財産をわたすタイミング	生前	亡くなったとき
「あげる人」の意思表示	必要	必要なし
「もらう人」の意思表示	必要	必要

相続の場合は「遺言書」をつくることで意思表示できる

相続人になれるのは誰？

相続は亡くなった人の財産を引き継ぐこと、引き継げる人を相続人といいます。誰が相続人になるかは決まっています。配偶者は必ず相続人になり、それ以外は第1順位が子ども、第2順位が父母、第3順位が兄弟姉妹です。

1 遺産を相続人できるのは誰？

遺産を相続できる人を「**相続人**」といいます。では、「相続人」になれるのは、誰なのでしょうか。相続人になれる人は、民法のルールで決められています。

まずは配偶者です。配偶者がいれば、必ず相続人になります。配偶者以外の相続人については、血縁関係によって順番が決まっています。最優先は子ども。子どもがいれば、配偶者とともに相続人になります。

もし、子どもがいない場合は、第2順位で父母（父母がともに亡くなっている場合は祖父母）が相続人、さらに父母もすでに亡くなっているような場合は、第3順位で亡くなった方の兄弟姉妹が相続人となります。

相続人の順位

配偶者は必ず相続人
1. 子ども（亡くなっていれば孫、ひ孫）
2. 父母（亡くなっていれば祖父母）
3. 兄弟姉妹（亡くなっていれば甥、姪）

FIGURE
30 相続人の順位

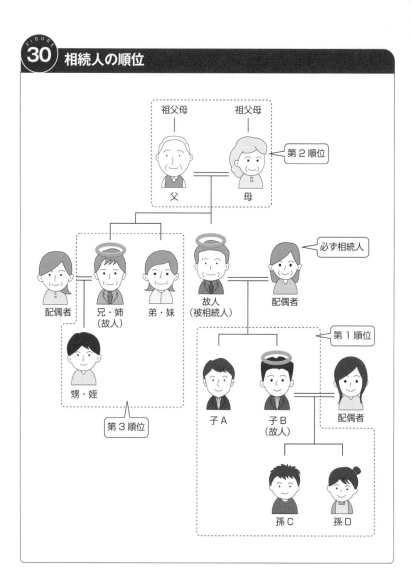

祖父母　祖父母

第2順位

父　母

配偶者　兄・姉（故人）　弟・妹　故人（被相続人）　配偶者

必ず相続人

甥・姪

第3順位

子A　子B（故人）　配偶者

第1順位

孫C　孫D

2 もし子どもが亡くなっていたら？

　本来なら子どもが相続人になるところ、子どもがすでに亡くなっている場合もあります。この場合には、子どもに代わってその子ども（孫）が相続人になります。もし、孫もなくなっていたら、ひ孫が相続人になります。

　同様に、第3順位で兄弟姉妹が相続人になる場合に、その兄弟姉妹の誰かがすでに亡くなっている場合にも、その兄弟姉妹の甥や姪（兄弟姉妹の子ども）が相続人になります。

　ただし、相続人になるはずの兄弟姉妹が亡くなっている場合、相続人になれるのは、その甥や姪まで。その下の世代には相続人になる権利がありません。

　このように孫または甥や姪が相続人になるような場合には、相続人が多くなることもあります。

配偶者がいれば
相続人になるよ。

財産をどうやってわけるか。真っ先にやっておきたいこと

相続で亡くなった人の財産を引き継ぐ方法には、「遺言」と「遺産分割協議」があり、遺言書があれば、遺言書の内容が優先され、遺言書がない場合は、財産をどうわけるか相続人同士で話し合います。

1　1に「遺言書」、2に「話し合い」

相続があった場合には、財産の相続手続きを進めます。そのときに真っ先にやっておきたいのが、**遺言書**を見つけることです。

遺言書があれば、遺言書に記載された内容のとおりに財産を分けることになります。ただ、遺言書があるのに見つからないという可能性もゼロではありません。

ときには、兄弟や甥姪など、たまにしか会わない方が相続人になることがあります。その場合には、遺言書があるのかどうかがはっきりしないことも多いです。

その場合は、遺言書の検索をしてみましょう。

「**公正証書遺言**」の場合には、必要書類（故人の戸籍謄本・申請者の戸籍謄本）を持って公証人役場に行けば、公証人の方がパソコン（「遺言検索システム」）で、どの公証人役場に遺言書が保管されているかどうかを教えてくれます。

「**自筆証書遺言**」の場合は法務局に保管してもらうことができます。遺言書があるかを確認するために請求手続きを行います。

相続があってから、相続人の方が遺言書をあわてて探さなくてもいいように、できれば遺言書のことを相続人に伝えておくといいでしょう。

FIGURE 31 相続人の順位と法定相続分

項目	自筆証書遺言	公正証書遺言
手続き	本人が内容・日付・署名を自筆し、押印（財産目録は、パソコンで作成可）	本人が公証人役場にて作成。内容を口述し、公証人が作成（証人2人付き添い必要）
保管方法	自分（法務局保管も可）	公証人役場
家庭裁判所の検認	必要（法務局保管なら不要）	不要
メリット	■手軽につくれる ■費用がかからない（法務局は保管手数料3,900円） ■内容を秘密にできる	■無効になりにくい ■原本は公証人役場に保管されるため改ざんのおそれはない
デメリット	■紛失や改ざんのおそれ（法務局保管なら「なし」） ■形式不備による無効（法務局保管なら形式のみチェック） ■気づかれない可能性あ（法務局保管なら「なし」）	■作成に手間がかかる ■費用がかかる（数万円〜）

2 相続人全員で話し合い

　もし遺言書がなければ、相続人全員で話し合い（**遺産分割協議**）をし、遺産の分け方を決めることになります。

　遺産分割協議については、期限はありません。ただ、遺産分割協議が決まらないと、財産の名義変更などの相続手続きができません。また、相続税の申告が必要なら10ヶ月以内に申告する必要があるため、期限に間に合うように分割を決めるのが通常です。

遺産の分け方が決まったら「遺産分割協議書」をつくり、預金や株式、不動産などの財産の種類、誰が相続するのかをもれなく記入します。

　内容を全員が確認し、合意できたら、日付を入れて、相続人全員の実印を押して、相続人がそれぞれ1通ずつ保管します。その後の不動産や銀行の相続手続き、相続税の申告にも必要になります。

　また「遺産分割協議書」をつくっておくことで、「「言った言わない」などトラブルになるのを防ぐ効果があります。遺言書がない場合には必ずつくっておきましょう。

FIGURE 32 遺産を分けるなら1に「遺言書」、2に「話し合い」

あれば　　　　　　　　遺言書のとおりに

預金は

なければ　　　　　　　話し合いで

じゃあ　　どう

3 「法定相続分」は財産分ける目安

「遺産は法定相続分どおりに分けなければいけない」と思われている方がいらっしゃるかもしれませんが、それは誤解です。相続人全員で話し合って、全員が合意していれば、その話し合いで決まった分け方で問題ありません。

例えば、相続人が母と子ども2人の場合には、**法定相続分**は、母が1/2、子どもが1/4ずつです。ただ、実際の相続では不動産があれば、現金や株式のようにカンタンに分けられるものではありません。法定相続分は、国が決めた財産を分ける目安と考えていただければいいでしょう。

FIGURE 33 相続人の順位と法定相続分

相続順位	法定相続人と法定相続分		
第1順位	配偶者	1/2	子（孫） 1/2を人数で分ける
第2順位	配偶者	2/3	父母（祖父母） 1/3を人数で分ける
第3順位	配偶者	3/4	兄弟姉妹 1/4を人数で分ける

＊複数人いる場合は均等分割した割合

4 相続人以外に財産を渡したいなら

　相続人以外の人は、財産を相続することができません。ただ、

「長男の奥さんには本当にお世話になったから財産を渡したい。」
「孫に財産を遺したい」

といった気持ちがあれば、その気持ちを尊重したいところです。で
は、相続人以外の人に相続で財産を渡したい場合はどうしたらいい
のでしょうか。ここでは2つの方法を挙げておきます。

　1つは「**遺言書**」。遺言書には、財産の受取人として相続人以外の
人を指定することもできます。

　もう1つは「**贈与**」です。贈与は「あげる」「もらう」というお互
いの意思表示があれば成り立つ契約です。もらう人も相続人に限ら
れていません。長男の妻でも、孫にでも、贈与することができます。

相続後に迫るタイムリミット キーワードは「3・4・10」

相続後は、気持ちの整理がつかない中、多くの相続手続きを進めることになります。特に期限があるものは注意です。ここでは、知っておきたい3つの手続きを押さえておきましょう。

1 相続後にも期限は迫っている

相続を迎えると、やることがたくさんあります。通夜に葬式、初七日、四十九日といった行事はもちろん。役所に死亡届を提出し、年金手続きに、病院への入院費の支払いなど。気持ちの整理もつかぬまま、様々な手続きを進めることになります。

特にこれまでに相続を経験されたことがない方にとっては、敷居が高いと言えます。そこでここでは押さえておきたい3つの相続手続きについて確認しておきましょう。キーワードは「3・4・10」です。

2 相続放棄するなら3ヶ月以内

ひとくちに財産といっても、必ずしもプラスとは限りません。借金は言ってみればマイナスの財産です。通常は「財産＞借金」という状態が多いのですが、フタを開けてみたら、財産よりも借金の方が多かったという「財産＜借金（マイナスの相続）」の場合もありえます。その場合、相続するかしないかは選択できます。もし、相続したくないというのであれば、「いらないです」と手を挙げることができます。それが「**相続放棄**」です。

といっても口頭で認められるわけではなく、家庭裁判所で相続人それぞれが相続放棄の手続きをする必要があります。

期限は相続があったことを知った日から3ヶ月以内です。もし3ヶ月を過ぎてしまうと、たとえマイナスの相続だとしても、自動的にその相続を受け入れたことになります。相続があったらどんな財産があるかを調べて、プラスの相続なのか、マイナスの相続なのかを早めに把握しておきましょう。

③ 最後の確定申告は4ヶ月以内

亡くなった方にも最後の**確定申告**が必要です。通常はその年の収入状況について、年末調整や確定申告をします。ところが、相続のあった年の1月1日から相続日までの収入について申告しようにも、確定申告をするべき本人がすでに亡くなっています。そこで本人に代わって相続人が連名で確定申告をすることになります。

その最後の確定申告を「**準確定申告**」といいます。期限は相続があったことを知った日から4ヶ月以内です。

また、亡くなった方が個人事業主で事業をやっていたり、不動産賃貸を営んでいたという場合、青色申告を選んでいることが多いです。ただ、相続があったとしても青色申告の権利は相続できません。そこで、事業を引き継ぐ相続人が新たに青色申告を受けるための手続きをする必要があります。（すでに青色申告を受けている方は除きます。）

「**青色申告特別控除**」はお金をかけずに最大65万円を経費扱いにでき、利用するかどうかで税負担も大きく変わります。みすみすと見逃す手はないでしょう。

また、「**青色申告承認申請書**」の提出期限は、相続がいつあったのかによって変わるので注意が必要です。（次ページ下図参照）

34 相続日によって違う！青色申告承認申請書の提出期限

相続があった日	提出期限
1月1日〜8月31日	相続日から4ヶ月以内
9月1日〜10月31日	その年の12月31日まで
11月1日〜12月31日	翌年2月15日までに

※亡くなった人が白色申告だった場合は相続日から2ヶ月以内

4 相続税の申告は10ヶ月以内

　相続があると、相続税の申告が必要になる場合があります。期限は相続があった日から10ヶ月以内です。

　10ヶ月というとけっこう長いと思われるかもしれませんが、それなりにやることがあり、すぐに期限がやってきます。

> ・相続人の確認（戸籍謄本から）
> ・税理士を探す
> ・財産の調査・確定
> ・債務の調査
> ・財産の評価
> ・遺産分割協議（遺言書があれば不要）
> ・相続税申告書を税務署に出す
> ・相続税を払う

　相続税の申告を税理士にお願いするとしても、申告までにはある程度の時間がかかります。

税務署が「相続税がかかるだろう」と目をつけている場合には、相続から半年ほど過ぎた頃に「相続税の申告等についてのご案内」といった書類が届きます。

　その書類を受け取った段階で「相続税申告があるかも」と気づいたとすると、申告までは10ヶ月ではなく残り3〜4ヶ月ほど。税理士に申告をお願いするとしても、慌てることになります。期限ギリギリに慌てることがないように、

　・生前からどんな財産があるか情報整理しておく
　・相続後早めに相続税がかかりそうかざっくり計算してみる
　・税理士などの専門家に早めに相談する

といったことをやっておきましょう。

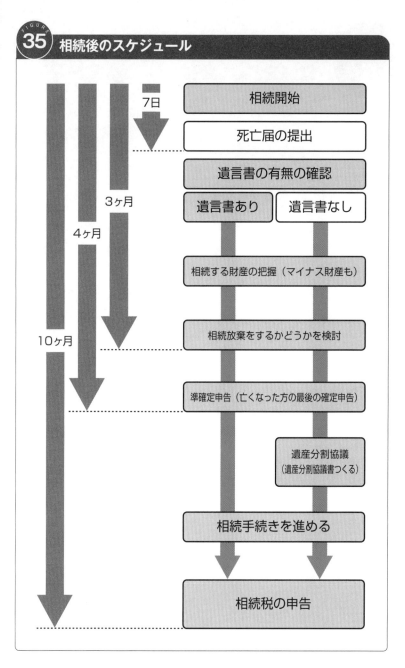

35 相続後のスケジュール

7日 → 相続開始

死亡届の提出

遺言書の有無の確認

| 遺言書あり | 遺言書なし |

3ヶ月

4ヶ月

相続する財産の把握（マイナス財産も）

相続放棄をするかどうかを検討

10ヶ月

準確定申告（亡くなった方の最後の確定申告）

遺産分割協議
（遺産分割協議書つくる）

相続手続きを進める

相続税の申告

「遺言書があれば大丈夫」…とは言いきれない理由

生前に遺言書をつくることで「財産を誰にどれだけ残すのか」を意思表示をすることができます。遺言書があると遺産の分け方をめぐって相続人間での争いも生じにくくなります。

1 自分でつくれる「自筆証書遺言」

遺言書には主に「自筆証書遺言」「公正証書遺言」「秘密証書遺言」の3つがあります。ここでは一般的な「自筆証書遺言」と「公正証書遺言」について触れておきます。

「自筆証書遺言」は、誰にも知られることなく、いつでもどこでも書ける手軽さと、費用がかからないというのがメリットです。一方でデメリットとしては、紛失してしまう、見つけた人にとって不利な条件だった場合破棄されてしまうリスクがある、日付が入っていないなど形式に不備により無効になる可能性があることなどが挙げられます。

注意したいのは、「自筆証書遺言」を見つけても、勝手に開封しないことです。他の相続人から疑われないように、未開封の状態で家庭裁判所で「検認」してもらいます。検認する前に開封してしまうと、5万円以下の罰金を払う可能性があるので気をつけましょう。

「検認」というのは、遺言書が確かに存在することを証明してもらうための手続き。法律的に有効か無効かの確認まではしません。

「自筆証書遺言」は、弁護士監修の遺言書キットが2,000円ほどで販売されていますので、以前に比べれば自分でつくりやすくなっているのですが、保管場所が自宅では紛失リスクや破棄リスクは残ります。

その問題を解消するため2020年から「**自筆証書遺言**」を法務局に預かってもらうことができるようになりました。（「**自筆証書遺言保管制度**」といいます。）

　法務局に預けておけば、遺言書の紛失防止になり、遺言書の有無も検索できます。また、家庭裁判所での検認手続きは不要となります。遺言が無効になるリスクを避けるには、次の「公正証書遺言」がおすすめです。

2 ガッチリな「公正証書遺言」

　「公正証書遺言」は、公証人役場でつくる遺言です。実際には、事前に打合せをして原案をつくっておいてから、証人2人が同席のもと公証人役場を訪れます。

　公証人の方が読み上げる内容を聞き、間違いがなければ本人署名の上で遺言書の控えを受取ります。原本は公証人役場で保管されます。

　公証人は法律に詳しいので、「自筆証書遺言」のデメリットとされていた書き方のミスで遺言が無効になることがなく、紛失することもなく安全です。デメリットは費用とやりとりの手間がかかることです。

　手間も費用もかからないほうがいいのですが、無効になるのを避けたいなら、守備をガッチリ固めてくれる「公正証書遺言」をつくるのがいいでしょう。

3 遺言書をつくるなら対策も必要

　遺言書をつくることで、亡くなった後でも相続人に意志を伝えることができますから、もめにくくなりますし、相続後の手続きも進めやすくなります。

ただ、遺言書をつくるにあたっては、注意しないといけないこともあります。

　それは相続人の気持ちです。遺言書があれば、確かに遺言書の内容が優先されます。ただ、相続人以外の人に財産を遺すような場合や特定の相続人の引き継ぐ財産が少ないなどの理由から「お父さんに都合よく書かせたんでしょ？」などと、相続人からの不満につながる可能性もあります。

　可能な限り、遺言書の内容と理由を生前に相続人に伝えておいたほうがいいでしょう。仮に不満が出たとしても、生前なら解決のためにそれぞれが歩み寄れる可能性があります。でも、相続後では、それができません。

　また、遺言書の**付言事項**にメッセージを残しておくのをおすすめします。「付言事項」は遺された家族への手紙のイメージです。法的効果はなく、記載するかどうかも自由です。

　財産の配分を決めた理由、家族への感謝の気持ち、これからも仲良く暮らして欲しいなどの希望を伝えることができますし、「付言事項」のメッセージによって相続人の不満が解消されることもあります。

　相続人全員の希望をすべて叶える相続というのは、正直なところ現実的ではありません。相続人のそれぞれがお互いのことを思いやって、一歩引くことで、円満な相続手続きを進めることができます。

　気を付けたいのは、付言事項には怒りや悲しみのメッセージを含めないことです。仮に本音ではマイナスな感情を抱いていたとしても、言い換えるなどして前向きな言葉として綴るほうが結果として揉めにくくなります。

筆者もお客様の相続税の申告をさせていただくときに、遺言書を見せていただくことがありますが、この「付言事項」のメッセージを拝見すると、うるっときてしまいます。

FIGURE 36 遺言書と付言事項

遺言書

遺言者 植村 小次郎（1956 年 11 月 28 日生）は、次のとおり遺言する。

第 1 条 遺言者は、遺言者の有する次の財産を、遺言者の妻 植村 香菜（1958 年 10 月 18 日生）に相続させる。

(1)　土地
　　所在　愛知県大府市中央町
　　地番　五丁目 70 番地
　　地目　宅地
　　宅地　84.22 ㎡
(2) 建物

・
・

付言事項
　思いやりにあふれたうちの家族では、相続争いとは無縁だとは思います。でも、念のために遺言書を書くことにしました。香菜には 2 人で築いた住まいの土地と建物を残すことにしました。気兼ねなく、ゆっくりと老後を過ごしてもらいたいためです。2 人の子どもたちはお母さんにどうか遺留分を請求することのないようにお願いします。
　香菜（妻）、人生の荒波をどんな時も一緒に乗り越えてくれてありがとう。香菜（妻）に出会えた事が私の人生の一番の幸運です。私が亡くなった後も決して涙にくれず、どうか子どもたちと仲良く笑顔で過ごして下さい。天国から見守っています。

付言事項で家族にメッセージを

遺言書をつくるなら知っておきたい！「遺留分」のこと

「遺留分」は相続人に認められる最低限の遺産を引き継ぐ権利です。遺言で「遺留分」以上の財産を引き継ぐことができなかった場合には、「遺留分の侵害額請求」を他の相続人にすることができます。

1 相続人には最低保証の権利がある

遺言書があれば、遺産分割の話し合いをすることなく遺言書の内容が優先されるわけですが、遺言の内容が特定の相続人だけに偏っていた場合に、他の相続人を保護するためのルールがあります。「**遺留分**」といい、相続人の生活を守る観点から保証された最低限の権利です。

例えば、遺言書に「すべての財産を長男に相続させる」と書かれていた場合には、長男がすべての財産を引き継ぐことになるのですが、このままだと他の相続人は一切の財産を引き継ぐことができません。

その場合、他の相続人は「遺留分」として最低保証額までの金額を請求することができます。

2 「遺留分の侵害額請求」とは？

遺言で自分の引き継ぐ財産が「遺留分」に届いていなかった場合、財産を多く受け取った方（親族とは限りません）に対して、「**遺留分の侵害額請求**」をすることができます。

請求があれば、財産を多く受け取った方は、必ず請求された金額を他の相続人に払うことになります。

請求ができるのは、配偶者、子（孫）など、父母（祖父母）です。

なお、兄弟姉妹（甥・姪）が相続人になる場合には、遺留分がなく、遺言の内容がそのまま通ることになります。

「遺留分の侵害額請求」ができる期間は次のどちらかまで。その後は請求ができなくなるので注意が必要です。

▼遺留分の侵害額請求ができる期間

| ・遺留分を侵害されたことを知った日から1年以内 ｝ どちらか
| ・相続開始から10年以内 |

3 遺言書には遺留分の割合を考慮する

「遺留分」の割合は、相続人ごとに決められています。法定相続分の半分が「遺留分」として保証される権利の割合です。（右ページの表を参照）

具体例で考えてみます。亡くなった父の相続財産が1億円、相続人が母と長男、長女の3人で、遺言書には「すべての財産を長女に相続させる」とあった場合です。

先ほどお伝えしたように遺留分は法定相続分の1/2。これを踏まえた母の遺留分は2,500万円（1億円×1/4）に、同様に長男の遺留分は1,250万円（1億円×1/8）となります。

37 遺留分の割合

法定相続人のケース	遺留分
妻 + 子	妻…………1/4 子…………1/4
妻 + 親	妻…………2/6 親…………1/6
妻 + 兄弟姉妹	妻…………1/2 兄弟姉妹…なし
妻（配偶者のみ）	妻…………1/2
子（配偶者がいない場合）	子…………1/2
親（配偶者・子がいない場合）	親…………1/3
兄弟姉妹（配偶者・子・親がいない場合）	兄弟姉妹…なし

具体例

 母　　　計算例
1億円×1/4＝2,500万円

 長男
1億円×1/8＝1,250万円

 長女
1億円×1/8＝1,250万円

財産1億円（時価）

 父　━━━　母 遺留分 1/4

 長男 遺留分 1/8
 長女 遺留分 1/8

特定の人にあげすぎると
相続で精算することになる

亡くなった方から生前に大きな資金援助を受けた場合、特別受益（とくべつじゅえき）として相続財産の前渡しとして扱われることがあります。ただし、生前にあげた人の免除意志があった場合には、考慮されません。

CHAPTER 3 贈与する前にココだけは押さえたい！ 相続のルール

1 「財産のあげすぎ」は財産の前渡しになる

相続のときに生前に多額な贈与を受けていた相続人がいた場合、その多額な贈与が「**財産の前渡し**」と判断されることがあります。「特別受益」といわれるものです。

「財産の前渡し」とされるものは、亡くなった方からからから相続人への遺言や贈与したものに限ります。生活費や大学までの学費や結納金、挙式費用など、通常の扶養の範囲内とされるものや生命保険金などは含まれません。

何が対象になるのかは、他の相続人とのバランスや家庭・社会の状況を踏まえて判断されます。

「財産の前渡し」（特別受益）とされるものには、次のようなものがあります。

　・住宅購入資金

　・独立開業の事業資金

　・長期の海外留学費用

　・家業を継ぐ子への事業用資産（会社の株式など）

　・相続対策のための生前贈与

---

2 「特別受益の持戻し」とは？

特定の相続人だけが生前に多額の財産をもらっているのに、これを考慮せずに財産をわけると、他の相続人にとっては不公平だと映ることがあります。

もし、相続人間で「特別受益」だと判断された場合、特別受益を相続財産に上乗せし、その上で相続時の財産をわけることで公平にできるという民法のルールがあり、「**特別受益の持ち戻し**」といいます。

具体例で考えてみましょう。相続財産が1億円で相続人は子ども3人（長男 , 長女 , 次男）。そのうち長男に2,000万円の「特別受益」があったとされた場合、亡くなった方の財産に特別受益を上乗せした1.2億円（1億円＋2,000万円）をベースに財産をわけることになります（分け方は次ページ図を参照）。

結果として、相続の時点での財産について、特別受益を踏まえたわけ方ができます。なお、他の相続人が誰も特別受益の請求をしていないなら、「特別受益」を考慮せずに遺産分割をおこなうことができます。

3 「特別受益の持ち戻し免除の意思表示」とは？

なお、あげた人が「特別受益の持ち戻し」を希望しない場合には、遺言などで「持ち戻しは必要ない」と意思表示しておくと、持戻しが免除されます。その場合、相続時の遺産分割は相続時点での財産のみでわけることになります。

また、婚姻期間が20年以上の夫婦間で自宅を贈与した場合には、その贈与行為から持ち戻しの免除の意思表示があったものと推定し、「特別受益」の扱いは受けません。

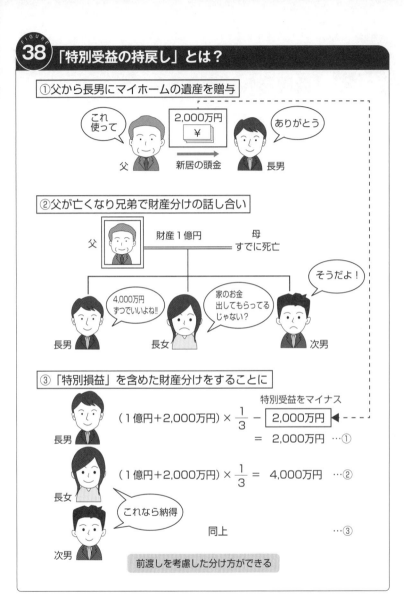

FIGURE 38 「特別受益の持戻し」とは？

①父から長男にマイホームの遺産を贈与

これ使って

2,000万円 ¥

ありがとう

父　——新居の頭金——　長男

②父が亡くなり兄弟で財産分けの話し合い

父　財産1億円　母 すでに死亡

そうだよ！

4,000万円 ずついいね!!

家のお金 出してもらってる じゃない？

長男　長女　次男

③「特別損益」を含めた財産分けをすることに

特別受益をマイナス

長男

$$(1億円+2,000万円) \times \frac{1}{3} - \boxed{2,000万円} \blacktriangleleft$$
$$= 2,000万円 \cdots ①$$

長女

$$(1億円+2,000万円) \times \frac{1}{3} = 4,000万円 \cdots ②$$

これなら納得

次男

同上 ・・・③

前渡しを考慮した分け方ができる

亡くなったら贈与？
「死因贈与」とは

「死因贈与」は、亡くなったときに財産をあげる契約です。同じように亡くなったときに財産をわたす「遺言」もあります。では「死因贈与」と「遺言」では、どんな違いがあるのでしょうか。

1 亡くなったら「あげる」

「生前贈与」は、生前に財産を渡すのが特徴です。一方で、亡くなったときに特定の財産を渡せる「**死因贈与**」があります。

…というと、「遺言と何が違うの？」と思われるのではないでしょうか。

実は、遺言も死因贈与も亡くなったタイミングで、財産の権利が移るという点では同じです。違いは合意が必要かどうかです。遺言は亡くなったら財産の権利が自動的に相続人に移りますから、合意は必要ありません。一方で、死因贈与は「私が死んだらこの財産をあげる」というように事前に約束する契約です。贈与の形態の1つなので「あげる人」「もらう人」、それぞれの合意が必要になります。

ちなみに死因贈与の場合は、贈与といいつつも、契約したときには贈与税はかかりません。亡くなったことを原因として財産が移転するため、相続税がかかります。

2 死因贈与のメリットは？

死因贈与をするメリットにはどんなことがあるのでしょうか。例えば、次のようなものがあります。

・「〇〇してくれたら財産をあげる…」と希望を聞いてもらえる

・契約を取り消される心配がない

・財産をもらう人の権利を守れる

　死因贈与は契約。確実に財産を渡すことができます。一方で遺言の場合は、放棄をすることもできるので、財産を確実にわたせるとは限りません。

　またデメリットは、心変わりがあったときにも解除がむずかしい点です。あげる人も、もらう人も、契約後に心変わりする可能性もゼロではありません。お互いに納得しない限りは、契約の解除ができませんからこの点はデメリットになるでしょう。

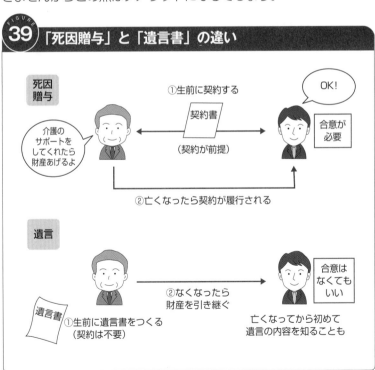

FIGURE 39 「死因贈与」と「遺言書」の違い

「相続があったら相続税がかかる」の カン違い

相続は誰もが一度は経験することですが、相続税を払うことを 経験するのは限られた人だけです。相続税を安くすることばかり を考えていると、もめてしまうことにもなります。相続税だけでな く「もめない」「払える」を検討することも大事です。

1 「100人のうち9人」

相続の話題になると、気になるのは**相続税**のことではないでしょ うか。

これまでに何度もこうした声を耳にしました。

> 「うちは相続税かかりそうです？」
> 「税務署に相続税でごっそり持っていかれるんでしょ？」

まず、知っておいていただきたいのは、相続税はすべての相続に かかる税金ではないということです。

国税庁が公表している「令和3年分 相続税の申告事績の概要」に よれば、相続税の申告が必要になる相続の割合は9.3%とされてい ます。つまり100人の相続があったら相続税の申告が必要になるの は、そのうち9人だけ。一部の方に限られた話なのです。

とはいえ、2015年に相続税のルールが変わる前は、100人のう ち4人ほどでしたから、当時と比べたら倍増です。さらに2024年 には生前贈与ルールが変更されますから、相続税は少しずつ身近な 税金になっていくといえそうです。

　相続税がかかるかどうかも気になるところですが、それ以上に期にしないといけないのが、「もめない」「払える」という点、つまり相続対策です。

　相続税を安くすることばかりを考えていては、もめる可能性もありますし、たとえもめていても相続税の申告は必要です。

　遺産分割の話し合い（**遺産分割協議**）がまとまらないと「小規模宅地等の特例」や「配偶者の税額軽減」などの特例を使えずに、本来より多くの相続税を払わないといけなくなってしまいます。

　その後に分割が確定すれば、申告をやり直して税金の精算もできるのですが、もめてしまえばその解決にも時間がかかります。

　不動産が相続財産の大半を占めるようなら、相続人同士で分けにくくなりますし、不動産を共有するのも権利者が増えることになりおすすめしません。

　このような場合には、一部の不動産を売ってお金に変えておく、あるいは生命保険をかけておき、財産の分割をお金で精算できるようにしておく（**代償分割**といいます。）ことで、もめにくくなります。

　相続税ばかりにとらわれず、「もめない」「払える」の対策も検討しておくことが大事です。

切り離せない！　贈与税と相続税

贈与税と相続税は一体といわれています。贈与税は相続税を抜け道をカバーするための税金とされています。また、生前か相続後のどちらで財産をわたすかで、払う税金が変わるという特徴もあり、これが「相続対策」のヒントになります。

1　相続税をカバーする贈与税

　この本を手に取っていただいたあなたなら、相続対策の1つで生前贈与が取り上げられるのを目にしたことがあるかもしれません。

　そもそも、なぜ相続に贈与が関係するのでしょうか。その疑問を解決するには、まず相続税と贈与税の関係を知っておいたほうがいいでしょう。

　ということで、ここで少し税金の話にお付き合いいただけますでしょうか。拒否反応が出ないようにストーリー調でお伝えしますので。

　まず、相続があったとき、亡くなった方が一定の財産を持っていれば相続税がかかります。これが大前提です。でも、お金持ちの人はこう考えます。「たくさんの相続税を払いたくない」、「でも、財産をもったまま相続を迎えれば、家族は相続税を払うことになるし」と。ある日、お金持ちが集まって知恵を絞った結果、あるとき、ふと思いつくのです。

　「あ、生前に財産を渡せば相続税を払わなくて済むじゃん。」と。確かに生前に財産を渡せば、相続税を払わずに済みます。

でも、税務署としては本来もらうべき税金を払ってもらえず。それでは困るわけです。

今度は税務署の考える番です。「じゃあ、生前に財産を渡す場合も税金を払ってもらおう。」ということで登場するのが「**贈与税**」です。ここまでの流れでご理解いただけたかもしれませんが、贈与税は相続税の抜け穴をカバーしているのです。

・生前に財産を渡す→贈与税

・相続で財産を引き継ぐ→相続税

相続も贈与も財産を「渡す」という点では同じですが、生前に財産を渡すか、相続で財産を引き継ぐかで実は払う税額は変わってくるのです。

「じゃあ、どっちでわたそうか？」

「相続対策」とセットで「贈与」が注目されるのは、これが理由なのです。

FIGURE 40 贈与と相続の比較

項目	贈与	相続
財産をわたすタイミング	生前	亡くなったとき
かかる税金	贈与税	相続税※
税金の単位	贈与した財産だけ	亡くなったときの財産合計

※死因贈与は、贈与税でなく、相続税がかかります。

いくら財産があったら相続税がかかる？

いくら財産があれば相続税がかかるのでしょうか。相続税がかかるかどうかは財産額はもちろん、法定相続人の人数も影響します。法定相続人は相続放棄をした人も含めた相続人のことで、放棄をしなければ相続人と同じ意味です。

1 「財産がいくらなら相続税はかかる？」

財産がどれだけあれば相続税がかかるのでしょうか。そのカギを握るのが「**基礎控除額**」です。

基礎控除額は「3,000万円＋600万円×法定相続人の数」です。（法定相続人については後述します。ここでは相続人のイメージで大丈夫です。）もし、法定相続人が子ども1人なら、基礎控除額は3,600万円（＝3,000万円＋600万円×1人）です。

また、法定相続人が4人なら、基礎控除は5,400万円（＝3,000万円＋600万円×4人）。

相続税がかかるのは、亡くなった方の全財産から債務や葬式費用をマイナスした財産（以下「**財産**」といいます。）」が、基礎控除額を超える場合です。

事例で考えてみましょう。

例えば、亡くなった方の財産が5,000万円で、法定相続人が子ども1人なら、「財産5,000万円＞基礎控除3,600万円」となり、差額1,400万円に相続税がかかります。（相続税は160万円）

一方で、法定相続人が4人なら「財産5,000万円≦基礎控除5,400万円」となり、相続税はかからず、申告も必要ありません。相続税がかかるかどうかは「いくら財産があるか？」だけでなく、「基礎控除額」にもよるということです。

　もっとも財産1億円など明らかに基礎控除額を超えるような場合なら、相続税がかかると考えていいでしょう。相続人が12人いるというなら話は別ですが。

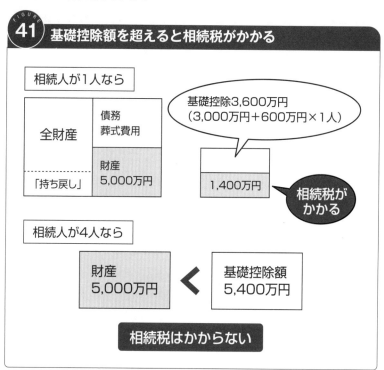

FIGURE 41　基礎控除額を超えると相続税がかかる

相続人が1人なら

全財産	債務 葬式費用
「持ち戻し」	財産 5,000万円

基礎控除3,600万円
（3,000万円＋600万円×1人）

1,400万円

相続税がかかる

相続人が4人なら

財産 5,000万円 ＜ 基礎控除額 5,400万円

相続税はかからない

　先ほど、基礎控除額を計算するときに「**法定相続人**」という言葉が出てきました。「相続人とは違うのか？」と思われたかもしれません。

　実は「法定相続人」というのは、民法で決められた相続人になるべき人。実際に財産を相続する人とは別になることがあります。具体的には**相続放棄**があった場合です。

　相続人が妻と子ども2人（長男、次男）、そのうち長男が相続放棄をしたとします。長男が相続放棄をすると、長男にはもとから相続権がなかったものとされます。

　結果、実際に財産を相続する妻と次男の2人が相続人です。（次男がいるので、第2順位には移りません。）

　一方で、法定相続人は相続放棄がなかったものとして考えた場合の相続人になります。つまり相続放棄をした長男も含めた3人が法定相続人ということになります。相続放棄がなければ、「相続人＝法定相続人」と考えればいいでしょう。

　なぜ、このように相続人と法定相続人を分けて考える必要があるのでしょうか。先ほどの基礎控除額の計算式を見てもらうとわかるのですが、法定相続人の人数が多くなるほど「基礎控除額」が増えて、相続税が少なくなります。つまり、あえて相続放棄することで、相続人を増やして、相続税を減らすことができてしまうのです。

　そこで税務署は相続放棄をして相続税を意図的に減らせないようにしています。相続税の計算をするときには、相続放棄がなかったものとした「法定相続人の数」を使うことにしています。

　相続のルールを決めているのは民法なのですが、そのままだと、税金の計算に大きな影響があるような場合は、相続税法で別にルールを決めています。法定相続人もその1つです。

FIGURE 42 相続人と法定相続人

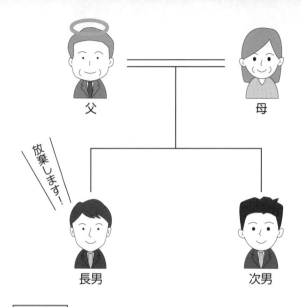

放棄します！

父　母

長男　次男

相続人

長男が相続放棄したので、母と次男（2人）が相続人

法定相続人（相続税を計算するための相続人）

「相続放棄がなかったものとした相続人」なので、
母、長男、次男（3人）が法定相続人

CHAPTER 3　贈与する前にココだけは押さえたい！　相続のルール

相続税はどうやって計算する？

相続税はどのように計算するのでしょうか。実は相続人1人ずつ計算するのではなく、財産全体から相続税を計算し、その後に亡くなった人から引き継いだ財産の割合で、それぞれの相続人に負担を割り振っています。イメージを見ながら具体的な計算内容を確認しておきましょう。

1 相続税をどうやって計算するのか？

相続税は具体的にどのように計算されるのでしょうか。ここではその計算方法について見ていきます。

相続税評価をした財産の合計額から引き継ぐ債務や葬式費用などをマイナス、さらに亡くなった方から生前贈与で受け取った財産の「**持ち戻し**」をプラスした「財産の合計」から「基礎控除額」をマイナスします。その結果「財産＞基礎控除額」であれば、相続税がかかる、ここまでが前ページでお伝えした部分です。

ここからは右のイラストを見ていただきましょう。その残額部分を相続人の「**法定相続分**」で割り振ります。「**法定相続分**」は財産をわける目安だとお伝えしましたが、ここで使うのはその「法定相続分」です。

基礎控除額をマイナスした後の財産額が5,200万円、（相続人は母と子ども2人）とすると、これを法定相続分で割り振った金額は、母：2,600万円、子ども：各1,300万円になります。どう相続するか、分け方次第で相続税の負担が変わらないようにするためにあえて法定相続分を使っています。

43 相続税の計算方法

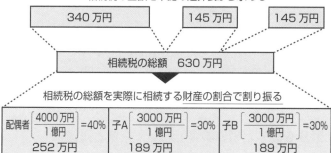

財産の合計　　　　　　（基礎控除額）

1億円　　 － （3000万円 + （600万円 × 3人）） =　5200万円

相続税が
かかる財産

財産総額を法定相続分で割り振り

配偶者	子A	子B
$\left[\dfrac{1}{2}\right]$ 2600万円	$\left[\dfrac{1}{2} \times \dfrac{1}{2}\right]$ 1,300万円	$\left[\dfrac{1}{2} \times \dfrac{1}{2}\right]$ 1,300万円

相続税の金額を下記の速算表から求める

340万円	145万円	145万円

相続税の総額　630万円

相続税の総額を実際に相続する財産の割合で割り振る

配偶者 $\left[\dfrac{4000万円}{1億円}\right]$ =40%	子A $\left[\dfrac{3000万円}{1億円}\right]$ =30%	子B $\left[\dfrac{3000万円}{1億円}\right]$ =30%
252万円	189万円	189万円

実際に納付する相続税
（各相続人の事情を考慮）

配偶者　0円	子A　189万円	子B　189万円

※この事例では「配偶者の税額軽減」のみ適用があったと仮定して計算。

●相続税の速算表

区分	税率	控除額	区分	税率	控除額
1000万円以下	10%	—	2億円以下	40%	1700万円
3000万円以下	15%	50万円	3億円以下	45%	2700万円
5000万円以下	20%	200万円	6億円以下	50%	4200万円
1億円以下	30%	700万円	6億円超	55%	7200万円

CHAPTER 3 贈与する前にココだけは押さえたい！ 相続のルール

次にそれぞれの金額に相続税の税率をかけて税額を計算します。相続税の速算表は国税庁 HP にも掲載されています。計算した相続税は、母：340万円、子ども：各145万円となります。これを合計した630万円が全体の相続税です。この全体の相続税を今度はそれぞれが相続した財産の割合で割り振ります。これがそれぞれの相続人が払う相続税のベースになります。

　あとは、個人別の事情を考慮した税額控除をした上で、最終的にそれぞれの相続人が支払う相続税が決まります。ここまでお読みいただいて気づいた方もいらっしゃるかもしれませんが、相続税は1人ずつ計算するわけではありません。いったん全員分を合計して相続税の合計額を計算し、その後にそれぞれの相続人が相続した財産額で割り振って相続税を計算するのです。

　かなり複雑な計算ですよね。誰がどう相続しても相続税の総額自体が変わらないようにこのような計算をすることになっています。

② 財産を隠すと税務調査でバレて家族と疎遠に

　相続税の申告をした後に**税務調査**がやってくることがあります。税務調査があると、80％以上の確率で何かしらの財産のモレが見つかります。もし、長男が隠していた財産（他の相続人は知らない）を税務署の人が見つけたら、長男だけが追加の税金を払うことになるのでしょうか。結論から言えば、「NO」です。他の相続人も含めた全員が追加の相続税を払うことになります。（申告もれのペナルティも合わせて）

> 「なぜ? 自分たちは隠していないのに」
> 「隠した本人が払えばいいじゃない」

と思われるかもしれません。ええ、スッキリしない気持ちになるのはよくわかります。ただ、これも相続税の計算方法による影響なのです。

　ここで、先ほどお伝えした相続税の計算方法を思い出してみましょう。各相続人の財産を合計して全体の相続税を計算し、それを引き継ぐ財産額で割り振ってそれぞれの相続人が払うべき相続税を計算するのでしたね。もうおわかりかもしれません。財産額が増えれば全体の相続税も増えますし、それに伴って割り振り額も増えることになります。ですから、全員が追加の相続税を払うことになるわけです。

　だからこそ「バレないでしょ?」という軽い考えで財産を隠すようなことはやめておくべきです。たとえ税務調査のことが数日で終わったとしても、その後の家族の関係は険悪なまま続く可能性があります。税務調査にかける労力、ペナルティ、家族関係などを考えれば、最初から財産として申告し相続税を払ったほうが穏やかに過ごせます。税金の痛みは一瞬、でも家族の痛みは一生です。

　ちなみに長男は財産を隠していたわけですから、他の相続人の方よりもペナルティが相当に重くなることは付け加えておきます。

「養子縁組で節税」はやらなくてもいい その前に考えておきたいこと

民法では養子縁組の人数に制限はありません。一方で相続税の ルールでは、養子縁組で相続人を増やして、相続税を不当に下げ ないように法定相続人に含める養子の数を制限しています。

1 「相続」と「相続税」のルールのズレ

相続（民法）と**相続税**、それぞれルールがあり、この2つにはズ レがあります。共通する部分がほとんどですが、違いもあるのです。

例えば、相続人の順位や相続分、遺言のことなどは民法で決めら れています。でも、民法のルールだけでは、税金計算をするのにフェ アにならない場合があります。そこをカバーするのに相続税法で独 自のルールを決めているのです。例えば、民法で決めている相続人 では都合が悪い場合があるので、相続税法で「**法定相続人**」を定め ています。（相続人と法定相続人の違いについては、「3-11 いくら 財産があったら相続税がかかる？」を参照）もう1つのズレとして 挙げておきたいのが「**養子縁組**」です。

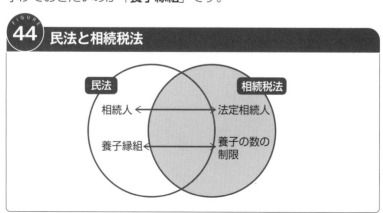

FIGURE 44 民法と相続税法

2 「養子縁組で節税」の謎を解く

「養子縁組」をすると節税になるというのを聞いたことがあるでしょうか。「3-9　相続税はどうやって計算する？」でお伝えしたとおり、相続税の総額を計算するには、相続人1人当たりの相続税を計算、その合計が「相続税の総額」になるのでした。

相続人の数が増えると、相続税を計算するときの1人あたりの財産額が減り、適用する税率も下がります。相続人が子ども1人だけなら、法定相続分は1ですが、2人なら法定相続分は1/2ずつ、3人なら1/3ずつとなります。

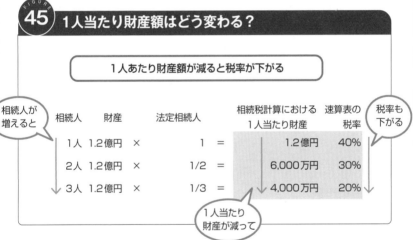

FIGURE 45　1人当たり財産額はどう変わる？

では、相続税はどのくらい減るのでしょうか。例えば、財産2億円で相続人が子ども1人だとすると、相続税は4,860万円。もし、子ども2人だと3,340万円となり、1,520万円減りました。基礎控除額（「3000万円＋600万円×法定相続人」）の法定相続人が1人から2人に増え、1人当りの財産額も減るからです。

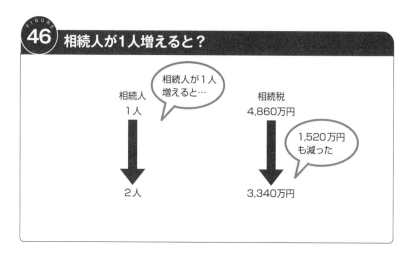

FIGURE 46 相続人が1人増えると？

相続人が1人
増えると…

相続人
1人

↓

2人

相続税
4,860万円

1,520万円
も減った

↓

3,340万円

では、父の相続人が長男と次男の2人で、長男と次男の子ども1
人ずつと父が養子縁組をしたとします。

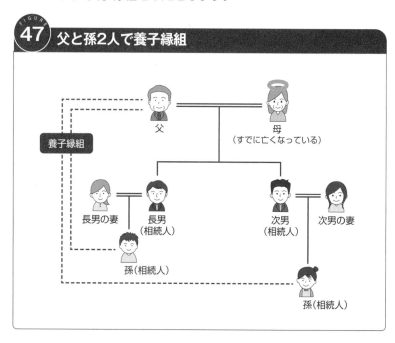

FIGURE 47 父と孫2人で養子縁組

養子縁組

父

母
（すでに亡くなっている）

長男の妻　長男
（相続人）

次男
（相続人）　次男の妻

孫（相続人）

孫（相続人）

　すると、相続人は2人から4人になります。それとともに、相続税は3,340万円から2,120万円まで下がります。養子縁組をしたことで相続税は1,220万円下がりました。これが「養子縁組で節税」のしくみです。

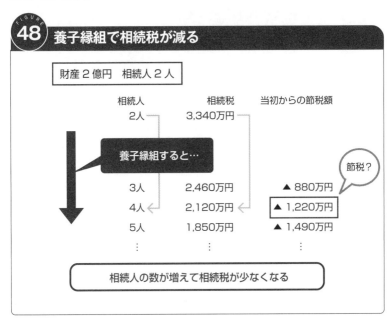

FIGURE 48 **養子縁組で相続税が減る**

財産2億円　相続人2人

相続人	相続税	当初からの節税額
2人	3,340万円	

養子縁組すると…

3人	2,460万円	▲ 880万円
4人	2,120万円	▲ 1,220万円
5人	1,850万円	▲ 1,490万円
⋮	⋮	⋮

節税？

相続人の数が増えて相続税が少なくなる

　では、「養子縁組で節税」を手放しに認めると、何が起きるでしょうか？　カンのいい方は気づかれたかもしれません。仮に養子縁組を5人、10人と増やせば、相続税をどんどん減らせることになります。

　法律（民法）のルールでは、養子縁組する人数に制限はありません。ただ、相続税を計算するのにはフェアではありませんから、相続税の独自ルールで養子縁組でカウントできる法定相続人の数の上限を決めているのです。

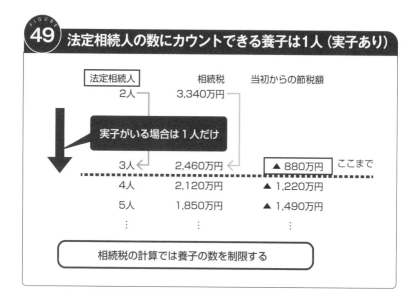

FIGURE 49 法定相続人の数にカウントできる養子は1人（実子あり）

法定相続人	相続税	当初からの節税額	
2人	3,340万円		
3人	2,460万円	▲ 880万円	ここまで
4人	2,120万円	▲ 1,220万円	
5人	1,850万円	▲ 1,490万円	

実子がいる場合は1人だけ

相続税の計算では養子の数を制限する

　具体的には、実子がいる場合には1人まで、実子がいない場合には2人までです。

法定相続人の数に含めることができる養子の数

・実子がいない場合→　カウントできる養子は2人
・実子がいる場合　→　カウントできる養子は1人

　先ほどの例でいえば、実子（長男と次男の2人）がいたので、遺産分割は養子2人も含めた4人での話し合いになりますが、相続税の計算をするときの法定相続人には1人分しかカウントできません。結果、相続税は3,340万円から2,460万円に減らすことはできても、それ以上はいくら養子を増やしても相続税を減らせないことになります。

同様に、基礎控除額（「3000万円＋600万円×法定相続人の数」）や生命保険の非課税枠（「500万円×法定相続人の数」）の法定相続人も、4人ではなく、3人として計算することになります。

❸ 「養子縁組」をおすすめしない理由

「養子縁組をすると節税になる」。確かにトクする相続対策ですが、わたしは「養子縁組」を手放しでおすすめしてはいません。やはり家族構成に触れることの影響は大きいと感じているからです。

「相続税のルールで1人しかカウントできないから…」と、節税目的で1人しか養子にしなかったとします。仮に長男の子ども1人を養子にした場合、次男やその子どもたちから「なんであの子だけ…」との不満からトラブルになる可能性があります。

また、養子にも相続権があるため、1人あたりの相続分は減ってしまいます。もし、長男の子どもが養子になった場合、次男としては養子がなければ相続分は減らなかったわけですから次男は損します。さらに養子の立場で考えてみると、養子縁組すればその後は養親の苗字を名乗ることになります。実親と名字が違うと、養子として姓が変わることになります。姓を変えることに抵抗がなければいいですが、カンタンではないでしょう。

養子縁組で節税を考えるなら、こうした家族の影響をそれぞれが受け入れることができるかどうかです。最後に、孫やひ孫が養子縁組した場合には、払う相続税が20%増しになることも付け加えておきます。

「お母さんがぜんぶ相続すればいい」で損をする

「配偶者の税額軽減」を利用することで、配偶者には相続税がかかりません。ただ、手放しで100%利用すると、2次相続で税負担が増えて、結果的に損をしてしまうことも。「配偶者の税額軽減」を利用するときには、2次相続まで考慮することが大事です。

1 配偶者は税額ゼロになる

　相続人が払う相続税は、計算した相続税から相続人ごとの個別事情に応じた税額控除額をマイナスして計算されることになっています。この税額控除のうちの1つ「**配偶者の税額軽減**」は、配偶者だけに認められた特例です。

　相続で財産を引き継いだ配偶者は、自身の法定相続分か1億6,000万円のどちらか大きい方までは相続税がかからないことになっています。

　配偶者は亡くなった人と世代が近いことから、2次相続があると、短期間で2回の相続税を払う可能性があります。そうなると生活基盤を揺るがすことにもつながり、自宅を手放すことにもなりかねません。そこで配偶者については「特例」を認めています。とはいえ、近年は年の差婚の夫婦も増えつつあり、2次相続までの期間が長くなる場合もありますが。

　なお、配偶者ではない内縁の妻などの場合には婚姻関係がないため、いくら同居していたとしても利用することはできません。

② 「お母さんがぜんぶ相続すればいい」で損をする

　税理士として相続の仕事に携わっていると、「お母さんがぜんぶ相続すればいいんじゃない?」というお子さんたちの声を耳にすることがあります。節税したいからではなく、お母さんのこれからを考えたお子さんたちの思いやりの気持ちからのもの。「素晴らしいなぁ」と思います。その反面、いったん立ち止まって考えていただきたいことがあります。それが今回の父の相続(**1次相続**)の後にいずれ来るであろう母の相続(**2次相続**)です。

　もし、母が父の財産のすべてを相続すれば、その財産のうち残っているものは、母の相続(2次相続)でも財産になり、相続税がかかります。父の財産が多い、母がもともと財産を多く持っている場合には、2次相続での相続税がかなり増えることになります。これは1次相続と違って2次相続では、(1)法定相続人が1人少なくなるため、基礎控除額が600万円減っていること、(2)「配偶者の税額軽減」が利用できないことが大きく影響しています。一方で、1次相続で子どもが父からの財産を相続すれば、相続税がかかるのは1回だけです。

　かといって、お母さんがまったく財産を相続しないのも、当初のお子さんたちの気持ち、長生きしていただくことを考えるとふさわしくありません。

　そこで考えたいのは、1次相続で母がどのくらいの財産を相続すれば、その後の人生を安心して過ごせるか。母の相続(2次相続)のときにも、相続税を払えなくて困るといったことがないという着地点です。

1次相続で「配偶者の税額軽減」を使って相続税を少なくできたとしても、2次相続と合わせたら税負担が増えてしまったというのでは意味がありません。つまり、「配偶者の税額軽減」を利用するには、2次相続まで含めて検討する必要があるということです。

　事例で見てみましょう。父の財産1.5億円、母の財産3,000万円として母が父の財産を何割相続すると1次相続＋2次相続の税負担がどう変わるかを下のグラフと、次ページに、1次相続と2次相続でそれぞれいくらの相続税を払うことになるかの目安を出してみました。

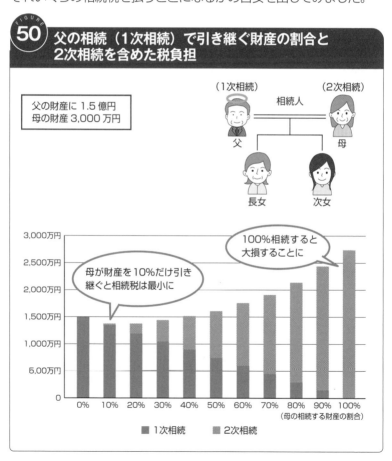

FIGURE 50　父の相続（1次相続）で引き継ぐ財産の割合と 2次相続を含めた税負担

（1次相続）　　　　　（2次相続）
相続人
父　　　　　　母
長女　　　　次女

父の財産に1.5億円
母の財産3,000万円

100%相続すると大損することに

母が財産を10%だけ引き継ぐと相続税は最小に

■ 1次相続　　■ 2次相続
（母の相続する財産の割合）

　グラフを見て、1次相続での対応次第で税負担が変わることがおわかりいただけるのではないでしょうか。この事例では、最も税負担が少なくなるのは、母が10%の財産を相続した場合です（1万円未満の金額で10%が最少）。でも税負担が最も少なくなる点が相続人全員にとっての最良の結果になるとは限りません。相続人みんなで話あって、たとえ税負担が少し増えたとしても、みんなが納得できる場所を見つけることが大事です。このグラフはその判断をするための材料という位置付けです。

FIGURE 51 母がぜんぶ相続すると2次相続で損

配偶者の相続割合	1次相続	2次相続	合計
0%	1,495万円	0	1,495万円
10%	1,346万円	30万円	1,376万円
20%	1,196万円	180万円	1,376万円
30%	1,047万円	395万円	1,442万円
40%	897万円	620万円	1,517万円
50%	748万円	860万円	1,608万円
60%	598万円	1,160万円	1,758万円
70%	449万円	1,460万円	1,909万円
80%	299万円	1,840万円	2,139万円
90%	150万円	2,290万円	2,440万円
100%	0	2,740万円	**2,740万円**

ぜんぶ母が相続すると？

相続税はゼロになるけど

2次相続で大きな負担が…

　　　は税負担が最少

1次相続で配偶者の税額軽減をフルで使うと2次相続で相続税がドンと増えてしまう。
相続割合10%と20%が同額に映るが、1万円未満で10%が税負担最少。

2次相続までにやれること

2次相続のときに財産がどのくらいあるかは、1次相続の時点ではわかりません。そこで1次相続では現実的に支払える相続税を踏まえた上で、母が少し多めに財産を引き継いでおくのも1つの案です。その上で、2次相続のための相続対策は必要となります。母のためのお金を確保しつつ、余裕資金の範囲内で母が生前贈与をしたり、生命保険の非課税枠を利用するなどの相続対策を進めるのです。1次相続が終わった後に何もしないのではなく、気持ちが落ち着いたら2次相続のための相続対策を少しずつでも進めていくのがいいでしょう。

FIGURE 52 **1次相続のあとの2次相続**

お父さんの葬儀のあとはゆっくりしたい…

やっとお父さんのことも落ちついたわ

でも2次相続もちょっとずつ考えておきたい

そうよねワタシが2人のためにも長生きしなきゃ

お母さんには長生きしてもらいたいんだけど…

ちょっとずつ考えないとね

15 自宅の評価がわずか2割になる理由

> 「小規模宅地等の特例」は自宅や事業に利用していた土地を特定
> の人が引き継いだ場合に土地の評価額を最大8割減額できる特例
> です。利用には、土地の上に建物や構築物があること、分割が確定
> していることなどが前提です。それ以外にもいくつかの条件があ
> ります。

1 自宅土地の評価額が2割で済む理由

　亡くなった方の財産には不動産も含まれ、自宅の土地がいくらに
なるか路線価などをもとに評価することになります。このとき、自
宅土地が一定の条件をクリアする場合、自宅土地の相続税評価額を
2割で評価することができます。（8割引き）このルールが「**小規模
宅地等の特例**」です。

　自宅土地は、遺された相続人にとっても生活の節点になる大事な
財産。そんな財産にも相続税がたくさんかかってしまうと、相続税
を払うために自宅土地を売ることになってしまい、生活の基盤を崩
すことになってしまいます。でも、土地の評価額が20%になれば、
80%相当の土地の評価額が下がり、相続税の負担も大きく減らす
ことができます。3,000万円の土地であれば、小規模宅地等の特例
を利用することで評価額は20%の600万円まで下がり、結果とし
て2,400万円の評価減ができることになります。

② 評価減できる土地があるか？

この「小規模宅地等の特例」、土地の上に建物や構築物があることが前提で、利用できる限度面積があります。自宅の土地の場合には330㎡（約100坪）までは80%評価減ができ、それを超える面積部分は、減額がなく100%評価となります。また、自宅土地以外でも利用できる場合があり、以下のような土地です。

FIGURE 53 「小規模宅地等の特例」の利用を検討したい土地と効果

相続時点での土地の利用状況	限度面積	評価減
自宅の土地	330㎡	80%
賃貸業以外の事業で利用している土地（店舗など）	400㎡	80%
駐車場※などで利用している貸地賃貸業で利用している土地	200㎡	50%
亡くなった人が経営する会社に貸している土地	400㎡	80%

※青空駐車場はNG

上記に該当する土地でも、それ以外の前提条件もクリアする必要があります。また、誰が引き継ぐかによって、「小規模宅地等の特例」の利用条件が変わるのです。もし、亡くなった方の妻（配偶者）が相続した場合には、無条件で80%減額することができます。

また、同居していた親族が引き継ぐ場合には、相続税の申告期限（相続があった日から10ヶ月）まで土地を持ち、住み続ける必要があります。

同居人がいない場合で妻以外の親族が引き継ぐなら、夫婦に持ち家がないことが前提です。

ちなみに、利用できる土地を複数持っていた場合には、全体での利用面積が決まっているため、どの土地で利用するかを相続人全員で相談して選ぶことになります。

「小規模宅地の特例」を利用できれば、相続対策としても効果は大きく、節税になるだけでなく、「払える」の対策にもつながります。ただ、相続後にできることはなく、生前から利用できないかどうかを検討しておく必要があります。

3 申告と分割の確定が必要

「小規模宅地等の特例」を利用するために必ずやるべきことが、相続税の申告です。口頭で「小規模宅地等の特例を使えば税金かからないから」と言っていても効力はありません。申告をしてどの土地で特例を利用するか、前提条件に該当するかなどを意思表示することによってはじめて利用できます。「小規模宅地等の特例」を利用して、相続税がゼロになったとしても、相続税の申告をする必要があることを覚えておきましょう。また、利用する土地については、分割が確定していることが前提です。

4 土地を贈与すると損をする

　「小規模宅地等の特例」を利用できる土地は、相続や遺言によって土地を引き継いだ場合のみです。つまり贈与で自宅土地をもらった場合には、「小規模宅地等の特例」を利用できません。また、土地を贈与すると、不動産取得税や登録免許税などの移転コストもかかります。というわけで、「小規模宅地等の特例」を利用できる土地を贈与すると損をします。

孫の相続税が割増しになるなんて

本来相続人になるべき人以外が財産を引き継ぐ場合、相続人よりも2割増しの相続税をはらうことになります。ただし、2割増しになったとしても、1代飛ばして孫に財産を引き継ぐことで相続税の課税は（父→孫）と1回で済むことになります。

1 相続税が2割増しになる人もいる

相続で財産を引き継ぐ人は相続人だけとは限りません。例えば亡くなった人が遺言書をつくっていれば、相続人でない人にも財産を引き継ぐことはできます。ただし、財産を引き継ぐわけですから相続人と同じように申告をし、相続税を払うことになります。

その支払う相続税について、相続人とは差をつけています。具体的には本来、相続権がない人が財産を引き継ぐ場合、支払う相続税は2割増しになります。

事例で考えてみましょう。父の相続の相続人が母と子ども2人。遺言書には「2人の子どもたちの孫にも財産を相続させたい」と書かれていたとします。この場合、孫は相続人ではないのですが、遺言によって財産を引き継ぐことができます。ただし、孫の支払う相続税は通常の2割増しになります。これが「**2割加算**」というルールです。なお、同じ孫でも、子が亡くなっていて相続人になっている場合は「2割加算」がありません。

相続での財産移転は通常は親から子どもへ、子どもから孫へという流れになります。すると、孫が財産を引き継ぐまでに2回相続税がかかることになりますから、親は1代飛ばして孫にも財産を残すことを考えます。孫に残せば相続税を払うのは1回で済みます。ただ、

税務署は、これが税金の不公平につながると考えています。

そこで本来、相続人になるべき人以外が財産を引き継いだ場合には、「20％の割増」で相続税を払うことになっています。

「2割加算」の対象にならないのは、配偶者、子ども、父母、子どもが亡くなっている場合の孫など。それ以外の人が「2割加算」の対象です。一見すると相続人が「2割加算」の対象にならないと映りますが、兄弟姉妹（甥・姪）はたとえ相続人だとしても、「2割加算」の対象です。通常から考えると、相続人になることは少ないですから。

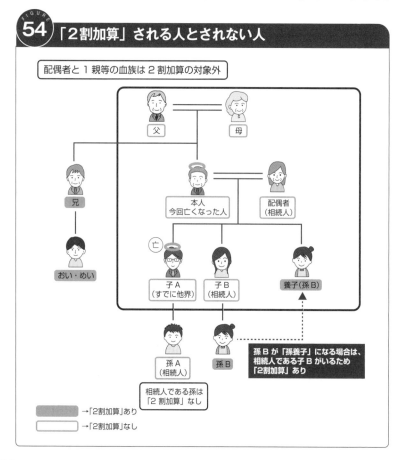

54 「2割加算」される人とされない人

配偶者と1親等の血族は2割加算の対象外

父　母

兄

本人
今回亡くなった人

配偶者
（相続人）

おい・めい

子A
（すでに他界）

子B
（相続人）

養子(孫B)

孫A
（相続人）

孫B

孫Bが「孫養子」になる場合は、相続人である子Bがいるため「2割加算」あり

相続人である孫は「2割加算」なし

→「2割加算」あり

→「2割加算」なし

贈与がなかったことになる？

「持ち戻し」とは、亡くなった人の相続税を計算するときに、生前3年（7年）以内に贈与であげた財産を相続財産に上乗せするルールです。ただし、「持ち戻し」の対象になるのは、相続や遺言で財産を引き継いだ人のみ。相続人でない孫、長男の妻などが1年前に財産をもらっていたとしても「持ち戻し」にはなりません。

1 もらった財産の「持戻し」とは？

　メディアなどで相続税対策として「生前贈与」が取り上げられるのをご覧になったことがあるかもしれません。これは相続税の計算のしくみに着目した相続税対策です。

　相続税の計算のルールの1つに、もらった財産の「**持ち戻し**」があります。相続や遺言で財産を引き継ぐ人については、相続のあった日から3年以内（2024年1月1日以降は7年以内）の贈与を計算上なかったことにするのです。3-10「切り離せない！贈与税と相続税」でも触れましたが、相続税を減らしたいなら生前に贈与をすればいいわけです。ところがもし「お父様の命はもって1ヶ月です」と告げられたら？　残された家族の相続税の負担を減らしたいと考え、一気に贈与を進めることでしょう。結果、相続税の負担も減らせますし、妻、子ども、子どもの妻、孫などたくさんの人に贈与すれば、贈与税の負担も減らせます。すると税務署としては「そりゃ、フェアじゃないよね？」と心中穏やかではありません。そこで相続開始前3年（7年）以内の贈与はなかったことにして、相続税を計算することになっています。

　具体例で考えてみましょう。父が子どもに亡くなる10年前から

毎年110万円の贈与をしていたとします。（贈与契約はその都度に結ぶ）その後、2023年7月25日に相続があった場合には、2020年7月25日以降相続日までに贈与した330万円（＝110万円×3回）分を財産に上乗せして相続税を計算することになります。

この「持ち戻し」は、相続税の計算に限ったルールです。つまり、相続や遺言で財産を引き継がない人への贈与については、たとえ相続の前日の贈与であっても関係ない話です。例えば、相続の前日に「長男の妻」に贈与したなら、長男の妻は必要なら贈与税の申告をし、贈与税を払えば済みます。長男の妻がもらった財産が夫の相続財産に上乗せされるようなことはありません。相続人でない孫も同様です。

2 2024年からは「持ち戻し」期間が3年→7年に

2024年1月1日以降に暦年課税でもらった財産は、「持ち戻し」期間がこれまでの3年から7年に変わります。カン違いされやすいのですが、2024年1月1日以降の相続から7年になるわけではありません。2024年以降段階的に移行し、7年分の持ち戻しがはじめて実現するのは、2031年1月1日以降の相続です。

もう少し深掘りしてみましょう。持ち戻しの対象になる7年はこれまでの相続開始前3年以内と3年超7年以内2つの期間に分けて考えます。3年以内にあげた財産は100％加算。3年超7年以内にあげた財産については、財産の合計額から100万円をマイナスすることになっています。同じ7年間の「持ち戻し」とはいえ、贈与するタイミングによって「持ち戻し」の金額が変わることがあります。

FIGURE 55 贈与した財産の「持ち戻し」とは？

毎年お金を贈与

あげるよ 振り込んでおくよ

ありがとう

暦年課税で 申告してね

贈与 契約書

父

子

子の妻

孫

父が亡くなり…

過去にもらった 財産も3年(7年)分 上乗せする らしいわよ

そうなんだ (そういえば きいたかも)

母

お父さんが 言ってたよ

孫　孫

私たちは孫で 相続人じゃないから…

相続財産に上乗せ (持ち戻し)

2024年以降 少しずつ 増える

7年
6年
5年
4年
3年
2年
1年

そばの出前じゃ ないんだからさー

相続 財産

よっこいしょ

FIGURE 56 「持ち戻し」が7年になるのは2031年から

2024年から2030年まではいつ相続があるかによって贈与の「持ち戻し」期間が変わる。
完全に7年に移行するのは2031年1月1日以降の相続から。

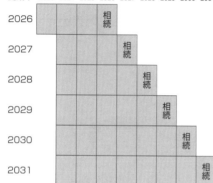

相続開始年	「持ち戻し」の期間
2026	2026年12月31日まで「持ち戻し」期間：相続以前3年
2027	「持ち戻し」期間：2024年1月1日から相続の日まで
2028	「持ち戻し」期間：2024年1月1日から相続の日まで
2029	「持ち戻し」期間：2024年1月1日から相続の日まで
2030	「持ち戻し」期間：2024年1月1日から相続の日まで
2031	2031年1月1日から「持ち戻し」期間：相続日以前7年

※4年から7年前については、もらった財産の合計から100万円を
マイナスした金額を「持ち戻し」する

【例】2028年9月29日に相続があった場合
1）3年以内→2025年9月29日以後の贈与
2）3年超7年以内→2024年1月1日以後2025年9月28日までの贈与
（マイナス100万円する）

たとえば毎年110万円の贈与をしていた場合には、[3年以内]
は330万円、[3年超7年以内]は340万円（440万円 -100万円）
で合計 670万円。仮に相続開始前3年以内にだけ770万円の贈与
をしていれば、持ち戻し期間は7年でも770万円となります。

「持ち戻し」のルール変更で、これまで以上に相続対策で贈与す
るなら早めがおトクだといえます。

3 過去に贈与税を払っていたら2重課税で損をする？

「持ち戻し」の対象になった贈与財産、過去に財産をもらったときに贈与税を払っていた場合にはどうなるのでしょうか。贈与のあったときに贈与税を払って、相続税も払うことになるのですから「2回も税金払うのか」と。もしそうだとしたら納得できませんよね。

この場合は、相続税を払うときに贈与税をマイナスすることになっています。ですから二重課税になることはありません。

仮に支払うことになった相続税を超えて贈与税を払っていた場合、相続税までが限度。相続税を超える贈与税が戻ってくることはありません。ただし、「相続時精算課税」を選んでいた場合には、相続税の申告をすることで、贈与税と相続税との差額が税務署から戻ってきます。

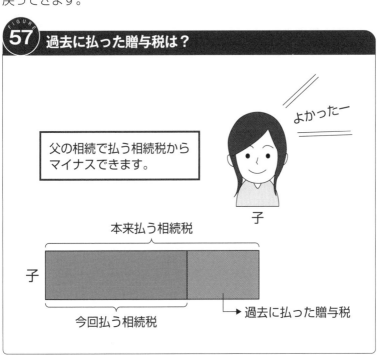

FIGURE 57 **過去に払った贈与税は？**

よかったー

父の相続で払う相続税から
マイナスできます。

子

本来払う相続税

子

今回払う相続税　　　→ 過去に払った贈与税

2つの非課税枠(年間110万円)は似て非なるもの

2024年からは「暦年課税」だけでなく、「相続時精算課税」でも非課税枠(年間110万円)を利用できます。ただし、それぞれの非課税枠は同じ110万円ですが、「持ち戻し」に違いがあるようです。どんな違いがあるのでしょうか。

1 「暦年課税」の110万円と「精算課税」の110万円

2024年1月からの話ですが、「暦年課税」と「相続時精算課税」の非課税枠。どちらも年間110万円ですし、前述したように贈与税の計算でマイナスするのも同じです。

```
暦年課税 =(財産額-110万円)×税率-控除額
精算課税 =(財産額-110万円-2,500万円)×20%
```

相続があったときには、相続人が過去にもらった財産を相続財産に上乗せすることになっていますが、そのときの扱いがそれぞれで違うのです。

「暦年課税」の場合、相続開始前7年以内の贈与財産を上乗せします。(うち、相続開始前3年超7年以内の贈与からは合計100万円をマイナスできることになっています(グレー部分))。このとき贈与税の110万円の非課税枠は、相続財産に上乗せされます。

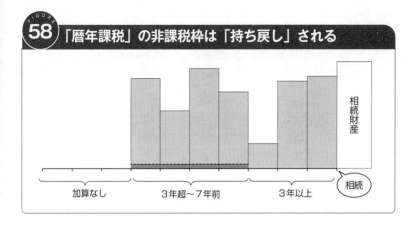

58 「暦年課税」の非課税枠は「持ち戻し」される

加算なし　　　　3年超〜7年前　　　　3年以上　　　相続
相続財産

例えば、相続の前年に300万円の贈与でもらった財産があったとすると、相続財産に上乗せされるのは、190万円（300万円－110万円）ではなく、300万円です。

一方で、「相続時精算課税」については、相続開始前7年以内どころか、100年前の贈与でも相続財産に上乗せされることになります。ただし、110万円の非課税枠については相続財産に上乗せされないのです。（グレーの部分）たとえ、相続の前日に300万円を贈与でもらったとしても、相続財産に上乗せされるのは190万円（300万円－110万円）だけです。

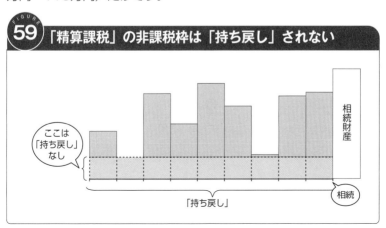

59 「精算課税」の非課税枠は「持ち戻し」されない

ここは「持ち戻し」なし

「持ち戻し」　　　相続

相続財産

生命保険は相続と相性がいい

生命保険は「もめない」「払える」「相続税の節税」の3つに対処できる三叉の鉾。相続税がかかる場合は、非課税枠（500万円×法定相続人の数）を利用できます。ただし、非課税枠を利用できるのは相続人に限られます。

1 生命保険金は三叉の鉾（ほこ）

生命保険は相続と相性がよく、「もめない」「払える」「相続税の節税」の3つの相続対策に対応できるまさに「三叉の鉾」といえます。例えば、引き継ぐ財産に不動産などの分けにくい財産がある場合には、生命保険金として受け取ったお金を他の相続人に払って話をまとめることもできます。（**代償分割**（だいしょうぶんかつ）といいます。）また、生命保険金には非課税枠があるため、相続税の節税にもなりますし、受取人の口座に直接入金された保険金を相続税の支払いにあてることもできます。

実は生命保険金は相続財産ではなく、受取人の固有財産とされています。そのため遺産分割協議や遺留分の対象にもなりません。このように生命保険金は相続には相性がよく、相続対策としてもぜひとも活用しておきたいものです。

2 「非課税枠」を使えるのは誰？

生命保険金の非課税枠は、相続人だけが利用することができます。その非課税枠は「500万円×法定相続人の数」で計算します。もし、複数人が保険金を受け取っている場合には、それぞれの受け取った保険金額の割合で非課税枠を割り振ります。

つまり、非課税枠があることで、同じお金でも預金口座に残っているお金と保険会社から相続人の口座に入金されるお金とでは、相続税での扱いは変わってくることになります。

もし預金なら、額面2,000万円に相続税がかかりますが、生命保険なら500万円（＝生命保険金2,000万円－非課税枠1,500万円）になるわけです。

ちなみに生命保険金の非課税枠を利用できる契約パターンは決まっていて、次のような掛け方です。

FIGURE 60 **生命保険の契約パターンと税金**

契約者 （保険料負担）	被保険者	保険金受取人	かかる税金
父	父	子ども	相続税 （非課税枠あり）
子ども	父	子ども	所得税・住民税 （一時所得）
母	父	子ども	贈与税

通常は契約者と保険料を払う人は同じ人になりますが、ときどき契約者と保険料を払う人が違うケースがありますので、契約時には注意しましょう。

なお、詳細は省きますが、**死亡退職金**についても生命保険と別枠で非課税枠（500万円×法定相続人の数）があります。こちらも利用は相続人に限られます。

61 非課税枠を利用すると「払える」「相続税の節税」で得する

父の財産1億円　　相続人：長女、次女

被保険者・保険料支払い：父
受取人：長女、次女500万円ずつ
　　　　（一時払い、元本戻り）

保険を契約せずに父の相続　　　基礎控除

1億円−4,200万円（3,000万円+600万円×2人）=5,800万円

5,800万円×1/2×15%−50万円=385万円

385万円×2人=770万円
（相続税の総額）

保険を契約して父の相続　　基礎控除

※
（1億円−1,000万円）−4,200万円=4,800万円
　　　　保険料

4,800万円×1/2×15%−50万円=310万円

310万円×2人=620万円

（相続税の総額）◀

150万円の節税でおトク

（参考）相続税に長女も次女もそれぞれ500万円の
　　　　保険金を受け取っているが、非課税枠が
　　　　1,000万円（=500万円×2人）あるため、相続税はかからない

長女　500万円−500万円=0
次女　500万円−500万円=0

③　保険金の受取人には誰を選べばいい？

　では、誰を生命保険金の受取人にするのがいいのでしょうか。生命保険をどう利用するかは、それぞれの相続の事情にもよるでしょうが、妻を受取人にすると生命保険の非課税枠のメリットを受けることはできません。なぜなら、妻は「**配偶者の税額軽減**」で自身の法定相続分か1.6億円までは相続税がかからないからです。「生命保険金の非課税枠」を利用するまでもないのです。ただ、保険金の受取人を妻にしているケースは多いです。

　そういうケースはきっと妻の相続後の生活を考えてのことでしょう。そのお気持ちを尊重するならば、非課税枠のない預金を引き継いでもらうという手があります。

　こうした理由から生命保険金の受取人には、子どもなど妻以外の相続人を選ぶのがいいでしょう。子どもが受取人なら非課税枠を活かすことができますし、そのお金を相続税の支払いにあてることもできます。

　妻を受取人にしたとしても、「配偶者の税額軽減」で相続税を払わないケースも多いですし、結果として生命保険金が口座に入金され、預金という2次相続の財産が増えることになります。家族全体で考えると子どもを受取人にすることで、2次相続での相続税を減らすことができてオトクになります。

　受取人の変更手続きはそれほどタイヘンではありません。保険会社にお願いすれば、すぐに対応していただけるでしょう。

④　孫が保険金の受取人になると？

　相続対策をしようと、相続人でない孫を生命保険金の受取人にすると損をする可能性が高いです。孫が生命保険金を受け取ると、遺言で受け取ったことになるため、たとえ、財産を受け取っていなく

ても相続税の申告が必要になります。また、生命保険金の非課税枠を利用できず、さらに孫に贈与で財産をわたしていた場合には、その財産が「持ち戻し」の対象になってしまい、「2割加算」によって孫の払う相続税も2割増しになってしまいます。なんとなく孫を生命保険の受取人にしてしまうと、思わぬ損を招くことになります。

5 2次相続でも非課税枠を利用する

　父と母の年齢が離れていなければ、どちらかの相続のあと、そう遠くない時期に次の相続（**2次相続**）もあると想定されます。1次相続と違って2次相続では配偶者の税額軽減もなく、相続人も1人減るため、基礎控除額（3000万円＋600万円×法定相続分の数）も、生命保険の非課税枠（500万円×法定相続人の数）も減ることになります。ただ、2次相続で生命保険の非課税枠を利用していないケースもあるため、相続対策としては2次相続でも生命保険金の非課税枠を利用できないかを検討しておいたほうがいいでしょう。

CHAPTER 3

お墓や仏壇が必要なら
生前に現金で買うべし

実はお墓や仏壇には相続税がかかりません。財産という位置づけではないからです。

もし、お墓や仏壇を買うのなら生前のうちに買って、支払いを済ませておくことで相続でオトクになります。その理由を解説します。

1 お墓や仏壇を生前に買うと節税

相続税では、亡くなった方がもっていた財産を計算対象としています。ただ、**お墓**や**仏壇**などは相続税のかからない財産となっています。先祖をまつるためのお墓や仏壇については財産と位置づけるのにはふさわしくないからです。もし、入る予定のお墓や仏壇がないのであれば、生前に買っておくと節税になります。ここでは生前にお墓を買う場合と亡くなった後にお墓を買う場合で考えてみましょう。まず、生前にお墓を買うと、預金口座から振り込みますから、財産はお金からお墓に変わります。一方でお墓を買わずに相続を迎えると、お金は預金口座に残ったままです。当然相続税がかかりますし、税金を払った後のお金でお墓を買うことになります。生前にお墓を買っておけば、お金がお墓に変わるので相続税の節税になるわけです。

2 ローン払いはやめておけ

ただし、これには注意点があります。実はお墓をローン払いすると節税にはなりません。相続があったときには、お墓には相続税がかからないのですが、まだ支払いの終わっていないお墓のローン残

高（未払金）は相続税の計算をするときに財産からマイナスできません。お墓が非課税であるため、その関係でお墓のローン残高（未払金）もマイナスできないのです。また、未払いのお金は預金口座に残っているはずですから、せっかくお墓を買っても節税にはなりません。ですから墓地や仏壇が必要なら、ローン払いはやめておき、生前に現金で全額払うべしと覚えておきましょう。

3 行き過ぎた節税はNG

　お墓や仏壇なら相続税がかからないから…と、高価な純金製の仏像、仏壇、おりんなどを買ったところで相続税は非課税にはなりません。非課税になるのは、日常礼拝するためのものに限られているからです。昔、純金の仏像や仏鈴を購入する節税対策がブームとなっていましたが、お寺ならともかく一般のご家庭で複数の仏像をもっているのは不自然ですから。それに税務調査があったときに普通の仏壇に純金製のおりんが置いてあればやっぱり違和感を覚えることでしょう。

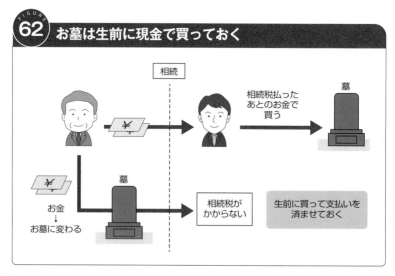

FIGURE 62 お墓は生前に現金で買っておく

相続

相続税払ったあとのお金で買う

墓

お金 → お墓に変わる

墓

相続税がかからない

生前に買って支払いを済ませておく

相続登記は義務になる

これまで相続登記は義務ではありませんでした。ただ、持ち主がわからない土地が増え続けていることを国が問題視し、2024年4月1日から相続登記をしないといけないルールに変わります。どのようなルールになるのでしょうか。

1 誰がもっている土地かわからない

マイホームをお持ちの方はわかるかもしれませんが、不動産を買ったときには通常、**不動産登記**をします。その登記情報をもとに毎年4月〜5月頃に市区町村から不動産にかかる税金、固定資産税の納付書が届きます。実はその固定資産税の納付書の名義が先代のままになって届いているということがあります。

これは、先代の相続のときに**相続登記**をせずに放置していたのが理由です。相続登記をすると、不動産の登記簿には、所有者の名前と（○年○日に○○から相続）といった内容が載ります。でも変更登記をしていないと、法務局や役所は現在の持ち主が誰なのかがわからないのです。

相続登記はこれまで義務ではありませんでした。相続税申告があれば、相続登記もする流れになるのですが、相続税がかからない家庭なら名義を変える必要性に迫られません。そのままでも日常生活には何らの支障もありませんから。

実はそういう土地を含め、日本には所有者がわからない土地が増え続けています。国土交通省の2016年の地積調査によると、その土地面積は約410万ha。すでに九州全土の面積（368ha）を超えています。

結果、土地の開発も売買もできず、利用価値が高くても誰も手が出せないという状況が続いており、大きな問題になってきました。そこで2024年4月1日から土地の相続登記を義務化することにしたのです。

② 相続登記は義務になる

2024年4月1日以降は、相続で不動産を引き継いだ相続人は、以下のように不動産を引き継いだことを知った日から3年以内に相続登記の申請をする必要があります。もし、登記をしなければ、10万円以下の罰金を払うことになります。同じように所有者に名前や住所変更があった場合も登記をする必要あります。

┌─【不動産を相続したことを知ったときとは？】─────────────┐

(1) 遺言書があった場合→自身の不動産の引き継ぎを知ってから3年以内に申請

(2) 遺産分割協議で合意→分割が成立した日から3年以内に申請
└───┘

知っているかどうかがスタートのタイミングです。義務化がスタートする前に不動産を相続していて、相続登記をしていない方についても同じようにさかのぼりで義務になります。未登記の場合でも2024年4月1日から3年以内に相続登記をすることで、罰金を払わなくても済みます。

3 相続登記をしていないデメリット

相続人にも相続登記をしないデメリットがあります。前述したように相続登記をしない限り、登記簿謄本での不動産の所有者は亡くなった方のままです。その後に不動産を売ったり、担保提供をするときには、実際の契約者、所有者と登記簿上の所有者が合っていない状態です。相続登記をしないままに手続を進めることはできません。

また、相続登記をしていないうちに、持ち主が亡くなった場合は、相続によって権利者が増えてしまう可能性があります。全員の合意が必要となるため、売りたくないなどの反対意見があったりと、動かしにくくなってしまうのもデメリットでしょう。

FIGURE 63 相続登記の義務化

相続		遺言書
分割協議で合意	**分割協議で合意**	遺産分割の話し合いで不動産を相続することが確定した日から3年以内に登記申請
遺産分割の話し合いで不動産を相続することが確定した日から3年以内に登記申請	「相続人申告登記」不動産の相続を知ったときから3年以内に各相続人が法務局に単独で申出（持分は登記されない）→10万円以下の罰金を一時的に回避	
	遺産分割の話し合いで不動産を相続することが確定した日から3年以内に登記申請	

CHAPTER
3
22

「家に名前を入れないと住みにくい」 の解決策

「配偶者居住権」は自宅の居住権。亡くなった方の自宅にいっしょにすんでいた妻（夫）が相続後もその建物にタダで住み続けることができる権利です。自宅を居住権と所有権に分けて登記し、配偶者が亡くなると、配偶者居住権は消滅します。

1 悩ましい選択 「老後の住まい」か、「お金」か？

　親子で同居する家族のはなしです。ある日、父が亡くなりました。父の相続の相続人は母と長男、父がのこしてくれた財産は6,000万円（3人で暮らす自宅3,000万円・お金3,000万円）でした。相続権はそれぞれにあるわけですが、母は財産分けをするのに頭を悩ませています。

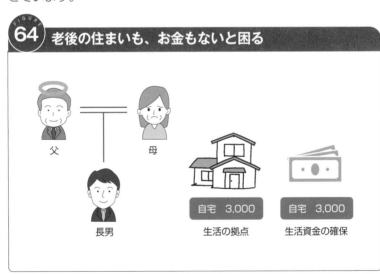

FIGURE
64 老後の住まいも、お金もないと困る

自宅 3,000	自宅 3,000
生活の拠点	生活資金の確保

父　　母

長男

> 母　「長男に生活をサポートして、とは言えないし…やっぱり、
> 　　今後の生活をするにもお金がないと不安だわ。」
> 　　「かといって、自宅にも名前（登記）が入っていないと、
> 　　住むのに気を使うし…」

　ここで長男との親子関係がよければいいのですが、仲がよくないと財産の分け方について話がまとまらない可能性があります。父が遺言書をつくっておいてくれればよかったのですが、その遺言書もありません。

　どうすれば話がまとまるのか？　もし長男が「自宅は母さんが相続していいよ。でも、お金は俺がもらってもいいよね？」というと母は困るわけです。これから生活していくためのお金を一切引き継げませんし、相続税や自宅の相続登記の費用をじぶんの貯金から出さなければいけなくなります。

　一方で、母がお金を相続するなら、「じゃあ、この家を売りたいんだけど…。」と言い出すかもしれません。そうなると、慣れ親しんだ自宅を出て新しい家を見つけなければいけなくなります。ただ、高齢になってから住まいを変えるのは、カンタンではありません。

　これでは、母は今後の人生に大きな不安を抱えながら生きて行くことになってしまいますし、父の相続が母にとっては酷な相続になってしまいます。こうしたことは、相続税がかからない家でも起こりうることであり、大きな問題になっていました。

　そんな中、配偶者のその後の生活を守るために2020年4月から認められるようになったのが「**配偶者居住権**」です。自宅を「居住権」と「所有権」にわけることで、配偶者は自宅を相続しなくても、これまで住んでいた自宅に終身または一定期間の間、住み続けることができるようになりました。遺産分割や遺言などにより引き継ぐことができます。

> ■自宅を2つの権利にわける
> 自宅＝居住権＋所有権

　これを踏まえて、先ほどの事例の解決策を考えてみましょう。3,000万円の自宅にかかる「配偶者居住権」は1,000万円、「所有権」を評価したら2,000万円でした。そこで母が配偶者居住権1,000万円とお金2,000万円を相続し、長男は自宅の所有権2,000万円とお金1,000万円を引き継ぐことでお互いに納得できるように財産を分けることが可能になります。

　これで配偶者は、自宅にも住み続けることができ、生活のお金も確保できて、大きな不安を抱えることなく安心して生活できます。一方で長男は自宅の所有権を持つことになります。

　ここで思い出してほしいのですが、母には「名前が入っていないと生活しにくい」という悩みがありました。「権利があってとしても所有権が長男なら…」と思われるかもしれません。ただ、この配偶者居住権は登記をして第三者に権利があることを伝えることができますから「名前が入っている」という希望に沿うことができます。

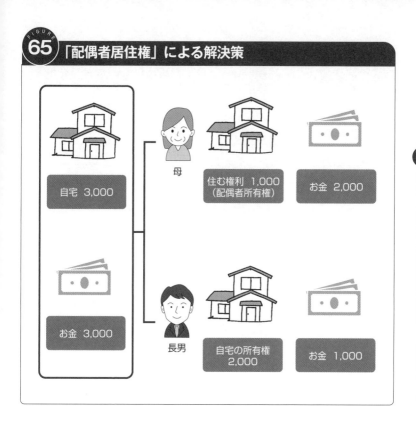

FIGURE
65　「配偶者居住権」による解決策

自宅 3,000

お金 3,000

母

住む権利 1,000
（配偶者所有権）

お金 2,000

長男

自宅の所有権
2,000

お金 1,000

　なお、配偶者居住権を設定できるのは、亡くなった方の単独所有か妻との共有の自宅に限られます。たとえば、亡くなった父と子どもがもともと共有している自宅については、配偶者居住権の設定ができません。

自宅は「**小規模宅地等の特例**」で、自宅土地の評価額を2割にできる特例があります。配偶者居住権が設定されている自宅でも条件をクリアすれば利用できます。

③ 母の相続があると消滅する

母が亡くなった場合、配偶者居住権は消滅し、その後は長男が自宅のすべてを所有することになります。この場合、母の相続では自宅をどう分けるかについては、他の相続人と話し合う必要がなくなります。

すると、ここで1つの疑問が浮上します。「配偶者居住権は財産としての価値があったはず？それはどうなる？」と。実は、母の相続で消滅した配偶者居住権は、母の相続では財産に含まれません。結果として、父の相続のときに自宅の「所有権」を相続した長男は、自宅そのものを相続するよりも低い評価額で引き継げたことになります。

4　配偶者短期居住権とは？

　配偶者居住権には、先ほどの「配偶者居住権」とは別に、もう1つ「**配偶者短期居住権**」もあります。文字どおり、相続後の短期間に設定される配偶者の自宅居住権です。相続があってもすぐに財産をどう分けるかが決まるわけではありません。財産をどう分けるかが決まるまでは配偶者は無償で自宅に住むことができるとする権利で、決まるまでの家賃相当は一切請求されません。また、前述の「配偶者居住権」と違って遺産分割後に消滅する一時的な権利のため、相続税はかかりません。

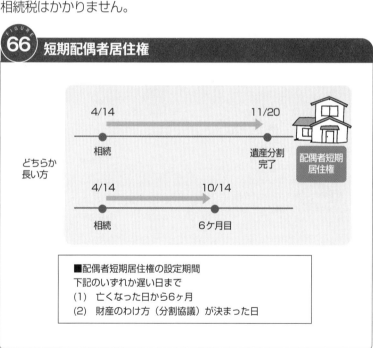

FIGURE 66　短期配偶者居住権

どちらか長い方

4/14　　相続　　→　　11/20　遺産分割完了　　配偶者短期居住権

4/14　　相続　　→　　10/14　6ケ月目

■配偶者短期居住権の設定期間
下記のいずれか遅い日まで
(1)　亡くなった日から6ヶ月
(2)　財産のわけ方（分割協議）が決まった日

MEMO

これだけは知っておきたい！
相続対策のキホン

ここまで贈与と相続のつながりを見てきました。この章で
は、実際に贈与を利用した相続対策や相続対策の具体的な考
え方について見ていきます。

相続対策が必要となる理由

相続対策は相続税対策だけではありません。相続税の節税ばかりを優先すると、もめてしまったり、払えないということにもなります。「もめない」「払える」「相続税の節税」という３つの対策のバランスをとることが大事です。

1 相続税の節税を優先しすぎると損をする

相続税を払うなら「なるべく少なくしたい」という気持ちは相続人なら誰しも考えることでしょう。でも、「相続税の節税」を優先しすぎるとデメリットもあるのです。

例えば、相続で引き継ぐ財産のうちにお金が少なく、不動産など分けにくい財産が中心だった場合はどうでしょうか。例えば、長男など特定の相続人に財産が偏ってしまう可能性があります。結果、相続人間でもめやすくなります。

もめた結果どうなるか？　申告期限までに分割がまとまらず、いったん、法定相続分で申告することになります。そのときに土地の分割が決まっていないと、自宅土地の評価が20%になる「小規模宅地等の特例」も使えないのです。

すると、本来50払えばよかった相続税を150ときには200払うことになり、その分だけ相続税を払うためのお金も余計に準備しなければいけなくなります。確定したときには、改めて申告し、「小規模宅地等の特例」もこのタイミングで受けることになります。最初からお互いに一歩引いて話し合っていれば、余計なストレスもお金も抱えずに済んだはずですし、申告も二度手間です。

「相続税の節税」を優先しすぎて、「もめない」「払える」という

対策を見落とすと、結果的に損をします。

そのため、あえて最安の相続税を選ばずに、それよりも少し高い相続税を払う道を選ぶこともあります。税金の痛みは一瞬。でも、家族間の痛みはその後ずっと続きます。だからこそ、「相続対策」が必要なのです。

FIGURE 68 相続税の節税を優先しすぎると損をする

生前贈与でトクする相続

相続対策での生前贈与のイメージは「だるま落とし」。少しずつだるまの背を低くすることで相続税と贈与税の負担をあわせても、「節税」になり、「払える」の対策にもなります。その理由を相続税の税率の仕組みに触れながら解説します。

1 毎年200万円ずつ贈与したら？

贈与税を払ってでも、生前に贈与で財産を渡すメリットはあるのでしょうか。事例で考えてみましょう。財産1.2億円で相続人2人（長男と次男）という前提で、何もしないで相続を迎える場合と、2人に毎年200万円ずつを5年間贈与し、その4年後の2023年12月に父が亡くなった場合を比較します（相続まで財産に動きがないと仮定）。

まず、何もしなかった場合の相続税は1,160万円になります。一方で、贈与していた場合はどうか。2人は毎年200万円をもらっているため、払う贈与税はそれぞれ9万円。5年間で90万円（=9万円×5年×2人）の贈与税を払うことになりますが、相続の日以前3年内の贈与はありません。結果、財産は1.2億円から1億円に減り、相続税は770万円。その前に子どもたちは贈与税を払っていたので、その贈与税と相続税を合わせた税負担は860万円（=90万円＋770万円）です。

実は贈与税を払っていても、何もしないで相続を迎えるのに比べて300万円の節税になっているのです。また「払える」の対策にもつながります。

FIGURE

69 5年間贈与をして「相続対策」

贈与をしない場合

財産
1.2億円

相続税 1,160万円

5年間贈与した場合

生前贈与 2,000万円
（贈与税90万円）

相続税がかかる
財産 1億円
（相続税770万円）

相続税　770万円

生前贈与をした結果

何もしない場合　　相続税1,160万円
生前贈与した場合　相続税770万円＋贈与税90万円＝860万円

300万円の
節税！

---

2 イメージは「だるま落とし」

　相続税も贈与税も税率だけを見ると、すべての財産に高い税率で税金がかかると思われるかもしれません。ただ、実際は段階的に税率が上がっていく仕組みになっています。

　相続税は亡くなった時点で持っていた財産にかかります。一方で、贈与税がかかるのは切り取った一部の財産だけです。生前贈与をすれば、財産の背の高さは低くなるのですが、このとき、税率が高いほうから順番に取り崩されていくのです。ここで、わかりやすくするために、財産1.3億円、法定相続人が1人の場合で考えると、次のように表すことができます。

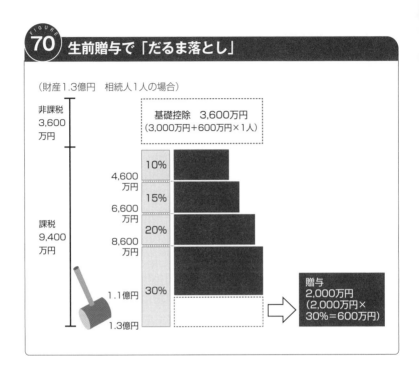

FIGURE 70 生前贈与で「だるま落とし」

（財産1.3億円　相続人1人の場合）

非課税
3,600
万円

基礎控除　3,600万円
（3,000万円＋600万円×1人）

4,600
万円　10%

6,600
万円　15%

課税
9,400
万円

8,600
万円　20%

1.1億円　30%

1.3億円

贈与
2,000万円
（2,000万円×
30%＝600万円）

　10年かけて2,000万円を贈与すれば、相続財産は30％部分が2,000万円分減ります。ただ、贈与の場合は10年に分散でき、非課税枠（年間110万円）を毎年利用することができるため、生前贈与をした場合としない場合で差額が出ることになります。

　生前にあげたい人を決めて財産（だるま）の背の高さを贈与（とんかちで叩く）で下げていくことが「もめない」「払える」「相続税の節税」という3つの相続対策にもなるのです。イメージは「だるま落とし」です。

　ここで気をつけたいのは、相続税がかからない人は、贈与をいくらしても節税効果はない点。それだけに事前の試算が必要になります。

┌─ ●キーポイント ────────────────────
│
│ ■税負担はいくら減ったの？
│
│ (1) 減った相続税
│   2000万円×30%（相続税率）＝600万円
│
│ (2) 増えた贈与税
│   （200万円－110万円）×10%＝9万円
│   9万円×10年＝90万円
│
│ (3) 相続税の差額 (1)-(2)
│   600万円－90万円＝510万円（節税できた）
│
│
│ ■実際に払う相続税＋贈与税
│
│ (1) 生前贈与なし
│   財産1.3億円で相続税2,120万円
│
│ (2) 生前贈与2,000万円をした場合の税負担
│   財産1.1億円で相続税1,520万円
│   10年で払った贈与税 90万円
│   1,520万円＋90万円＝1,610万円
│
│ (3) 対策する場合としない場合の差額
│   (1)-(2) ＝510万円
│
└──────────────────────────────────

贈与税は高い、けど安い？

贈与税は高いと言われますが、実質の負担率で見ると500万円の贈与で10%です。生前贈与をするときには、相続税の負担率よりも低い負担率になる金額を見つけると、贈与額の目安がわかります。

1 贈与税は高い、けど安い？

贈与税には高いというイメージがあります。相続税の税率表と比較しても高いです。「ただ本当に高いのか？」は、よく考えてみる必要があります。むしろ、贈与税の方が安いともいえます。

どういうことでしょうか？　確かに贈与税の速算表を見ると、500万円の贈与で20%ですから、相続税の10%に比べると高いように映ります。

でも、実際の負担割合はどうでしょうか。

例えば、500万円をもらった場合に支払う贈与税は、(500万円－110万円)×15%－10万円＝48.5万円となります。贈与税は贈与額が増えるほど、税率が高くなっていきます。ただ、500万円を贈与した場合でも、見た目（速算表）の税率（15%）ほどの負担にはなっていないのです。（贈与税の負担率9.7%＝48.5万円／500万円）

FIGURE 71 贈与税と相続税の税率比較

財産額	贈与税率（特例税率）	相続税率
200万円以下	10%	10%
400万円以下	15%	
600万円以下	20%	
1,000万円以下	30%	
1,500万円以下	40%	15%
3,000万円以下	45%	
4,500万円以下	50%	20%
5,000万円以下	55%	
1億円以下		30%
2億円以下		40%
3億円以下		45%
6億円以下		50%
6億円超		55%

■財産額
【贈与税】 贈与額から110万円引いた後の財産額
【相続税】 法定相続分で割った後の相続人1人当たり財産額

2 「贈与税＜相続税」でトクする相続に

　ここで思い出していただきたいのが、暦年贈与でもらった財産の「**持ち戻し**」です。「持ち戻し」は相続開始前3年以内（2024年1月以降は7年以内）にもらった財産を、相続税の計算では財産に上乗せするのでした。

　でも、裏を返せば、相続開始から3年（7年）を超える財産については、相続のときに財産に上乗せされないということです。

72 贈与税の負担率

「特例税率」の場合

贈与額	贈与税	負担率
100万円	0万円	0.0%
200万円	9万円	4.5%
300万円	19万円	6.3%
400万円	33.5万円	8.4%
500万円	48.5万円	9.7%
600万円	68万円	11.3%
700万円	88万円	12.6%
800万円	117万円	14.6%
900万円	147万円	16.3%
1,000万円	177万円	17.7%

　ここでもし、相続税の実質税率（相続税／財産）が20％であれ
ばどうでしょうか。

相続税の負担率（20％）＞贈与税の負担率（10％）

　相続を待っていれば、20％。一方で、贈与をすることでたとえ
贈与税がかかったとしても10％の税負担で済むことになり、子ど
もたちにより多くの財産を残すことができます。また、相続税は亡
くなった時点のすべての財産にかかりますが、贈与税は1年間で渡
した財産だけにしかかかりません。

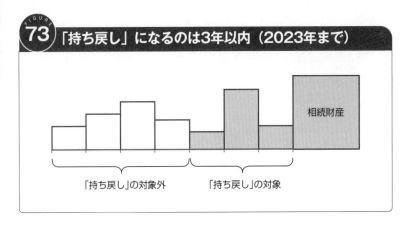

73 「持ち戻し」になるのは3年以内（2023年まで）

相続財産

「持ち戻し」の対象外　　「持ち戻し」の対象

贈与なら少しずつ渡すことができ、どのくらい渡すかのコント
ロールも自由。相続と贈与をあわせて負担の少ないほうで税金を払
うことで節税のメリットが出てきます。「払える」「相続税の節税」
の相続対策のために、あえて贈与税を払うというのも選択肢の1つ
なのです。

74 贈与税と相続税の負担率の比較

贈与金額	贈与税（特例税率）	実質税率（特例）
100万円	0万円	0.0%
200万円	9万円	4.5%
300万円	19万円	6.3%
400万円	33.5万円	8.4%
500万円	48.5万円	9.7%
600万円	68万円	11.3%
700万円	88万円	12.6%

相続税の負担率
（12.26%）より低い税率

相続財産　1.5億円

相続人　子ども2人

（1）相続税の計算（相続税の速算表をもとに計算）

相続財産 1.5億円−相続税の基礎控除 4,200万円＝1億800
万円

1億800万円×法定相続分1/2（＝5,400万円）×30%
−700万円×2人＝1,840万円

（2）相続税の負担率

1,840万円（相続税）／1.5億円（財産）＝12.26%

（3）贈与税の負担率＜相続税の負担率

相続税の負担率（12.26%）よりも贈与税の負担率が低くなる
のは前ページ下の表で贈与額が600万円のところなので、これ
以下ならあえて贈与税を払ったほうが有利になります。あとは
何年かけてわたすかなどを含めて検討します。

高い贈与税を払う理由。
その答えは「高速道路」にある

贈与税は贈与額が大きくなるほど高くなります。110万円以下なら贈与税を払わなくて済みますが、時間がかかります。ただ、贈与額が大きくなれば、財産の移転スピードは早くなります。その意味で贈与税は必要な「高速料金」だといえます。

CHAPTER 4 これだけは知っておきたい！ 相続対策のキホン

1 あえて贈与税を払ったほうがいい理由

相続税よりも贈与税のほうが税負担が少なければ、あえて贈与税を払うことでトクする相続になるとお伝えしました。ただそういわれてもピンとこない方もいらっしゃるかもしれません。ここで財産を渡すスピードに着目して考えてみましょう。

例えば、子ども（18歳以上）が、1年、5年、10年という期間で1,000万円をもらうものとしてそれぞれ贈与税を計算してみました。1年でもらうなら払う贈与税は177万円かかりますし、5年かけてもらう場合、子どもが払う贈与税は累計で45万円。10年かけてゆっくりもらえば、子どもが払う贈与税はゼロです。

75 期間が長いほど贈与額は安くなる

期間	1年目	5年目	6年目	7年目	10年目	合計	贈与税
1年	1,000					1,000万円	177万円
5年	200	200				1,000万円	45万円
10年	100	100	100	100	100	1,000万円	0万円

10年かけてもらえば、子どもは贈与税を払わなくていいわけですから、「10年のほうがいい」と考えたかもしれません。税金の負担でみると確かにそのとおりです。相続対策を踏まえた贈与は、「なるべく早めに、少しずつ」がおトクです。ただ、ときには前ページでお伝えしたように贈与税を払ってでも渡したほうがいいケースもあるのです。例えば、医師から余命〇年と宣告を受けたり、相続対策をするにも相続までの期間が短め、相続の直前に孫に贈与するなどの場合です。

　財産を渡すスピードを上げると、払う贈与税も増えるということです。

② もしディズニーランドに行くなら？

　例えば自宅からディズニーランドまでどうやって行くでしょうか？　飛行機で行く、新幹線で行く、その両方使うなど、いろいろ選択肢はあるでしょう。もし、筆者の住む愛知県からディズニーランドに自動車で行くなら、次の2択になります。

---

(1) 東名高速道路を利用する
(2) 国道1号線など下道をひたすら突き進む

　どうでしょうか。これを見ておそらく (2) を選ぶ人はいないと思われます。ほとんどの方が高速料金を払っても (1) を選ぶかと思われます。

　ここで
「ディズニーランド」→「目的地」
「自動車」→「財産」
「高速料金」→「贈与税」

に置き換えてみましょう。より早く目的地に着く（財産を移転する）ために高速料金（もらう人が贈与税）を払いました。贈与税を払いたくないというお気持ちは誰しもあるのですが、自動車にしろ、新幹線にしろ、「早く」を実現するのに料金はかかるということです。

③ 非課税枠は年間110万円　10年なら？　20年なら？

　贈与の**非課税枠**は年間110万円です。わずか110万円と考えるかもしれませんが、毎年利用できる点を見逃してはいけません。たとえ110万円の非課税枠であっても、10年なら累計で1,100万円（110万円×10年）、20年なら2,200万円（110万円×20年）の非課税枠になります。でも、時間と同じで過去にさかのぼって利用することはできません。

　いま相続対策を始める人と、10年後に相続対策を始める人とでは、累計で利用できる非課税枠はかなり変わってきます。例えば、孫3人に毎年110万円を贈与する（その都度贈与契約をする）としたら、3,300万円（＝110万円×3人×10年）をタダでわたせることになります。でも、相続が近くなった10年後に同じだけの金額を渡すとしたら、110万円では焼け石に水となり、高い贈与税を毎年払って渡すことになることもあるでしょう。

　まず、自分のためのお金を確保するのが大事ですし、贈与を急かすつもりもありませんが、贈与の非課税枠は毎年流れていくもの、贈与を利用した相続対策を検討するならやはり早めがいいといえます。

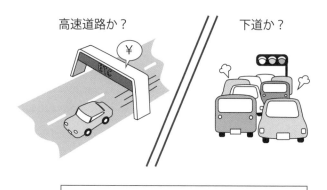

76 贈与税は「高速料金」

高速道路か？　　　　　　下道か？

より早く目的地に着く（財産の移転）
ためには高速料金（贈与税）が必要

スピードを上げて財産を
渡したいなら、高速料金
（贈与税）は高くなるよ！

176

孫に贈与すると相続税の節税になる。ただデメリットも…

相続や遺言で財産を引き継いだ場合、「持ち戻し」があります。孫は相続人でないため、贈与でもらった財産があっても「持ち戻し」がありません。ただし、生命保険金の受取人になっているなどの場合には、もらった財産が「持ち戻し」の対象になってしまうため注意が必要です。

1 孫への贈与は「持ち戻し」がない

相続があったとき、過去3年（2024年以降は7年）以内に贈与でもらった財産は**「持ち戻し」**で相続財産に上乗せされることになります。贈与をして相続税のかかる財産を減らしていたのに、相続税の計算では無かったことになります。（2024年1月1日から「相続時精算課税」の場合には、年間110万円を超える部分がすべて「持ち戻し」になります。）

「持ち戻し」になるのは、相続や遺言で財産を引き継いだ人が、過去に亡くなった方からもらった財産です。ただし、孫には「持ち戻し」がありません。子どもは相続人になるので「持ち戻し」の対象になるのですが、孫は親である子どもがいる限りは相続人にはならず、過去にもらった財産があっても「持ち戻し」がないのです。例えば、祖父が相続の1ヶ月前に孫2人に200万円ずつを渡していたら、孫はそれぞれ贈与税を9万円ずつ払うことになります。ただ祖父の相続では「持ち戻し」になりません。結果、400万円（＝200万円×2人）を孫に移して財産を減らせたことになります。

これは、相続人や遺言で財産をもらわない人なら孫に限らず、長男の妻でも同じことがいえます。

孫への贈与が「持ち戻し」にならない点については、2024年からのルールには含まれませんでした。今後はわかりませんが。

② 孫に贈与すると「世代飛ばし」

孫への贈与で「世代飛ばし」ができるのも、孫への贈与の特徴です。通常、相続の流れは（父→子→孫）の順です。財産もその流れに沿うわけで、世代が移るたびに相続税が2回かかることになります。ここで父から孫に1世代飛ばして財産をあげると、その財産については、相続税がかかるのは1回で済み、節税になります。

孫に贈与する場合で、未成年の場合には、子どもを親権者として「贈与契約書」もつくって贈与の証拠を残しておくことを忘れずに。

③ 孫への贈与でも「持ち戻し」になってしまうケース

孫でも、相続のときに「持ち戻し」になってしまう場合があります。

孫でも「持ち戻し」になるケース

```
(1)　孫が相続人
(2)　遺言で財産をもらった
(3)　「相続時精算課税」を利用して財産をもらっている
(4)　生命保険の受取人になっている
```

これらのケースに該当する場合には、孫に贈与しても財産を減らしにくくなります。さらに孫の相続税が2割増しになるなど「持ち戻し」の対象になってしまうとデメリットです。孫を生命保険の受取人にすると、

（1）生命保険の非課税枠無し

（2）生前にもらった財産が「持ち戻し」の対象に

（3）相続税が20%増しになる

というトリプルパンチになり大きなデメリットだと言えるでしょう。

　ここで注目したいのは、孫が「相続時精算課税」を利用して財産をもらっているケース。「相続時精算課税」は、文字どおり相続時に精算することになるため、全額が「持ち戻し」になります（2024年1月1日以降は毎年110万円を超える部分が「持ち戻し」の対象）。特に「相続時精算課税」は一度選ぶと、二度と暦年課税に戻ることはできないため、孫に贈与する際には「暦年課税」か「相続時精算課税」のどちらを選ぶか慎重に検討したほうがいいでしょう。

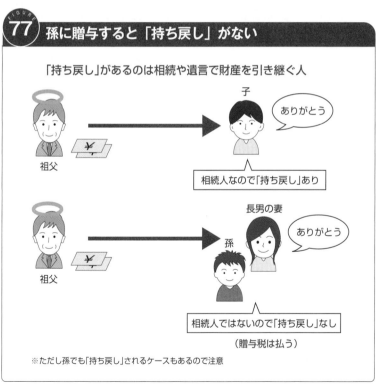

FIGURE 77 **孫に贈与すると「持ち戻し」がない**

「持ち戻し」があるのは相続や遺言で財産を引き継ぐ人

子
ありがとう

祖父 ¥

相続人なので「持ち戻し」あり

長男の妻
ありがとう

孫

祖父 ¥

相続人ではないので「持ち戻し」なし

（贈与税は払う）

※ただし孫でも「持ち戻し」されるケースもあるので注意

贈与する前に必ず やっておきたいこと

やみくもに生前贈与をしてはいけません。現状がどうなのかを確認しないと、損することになります。まずは「青写真」を描いてみましょう。具体的には財産の整理や評価、相続税がかかるかどうかをざっくり確認してみます。

1 相続税がかからないなら「節税」はいらない

生前に財産を渡すことで、相続財産を減らせて相続税の節税にもなります。ただ、贈与をする前に確認したいのは、「現状」です。

というのも、相続税がかかるのは100人いたら9人ほど。「相続税対策」をしないといけないのは限られた方だけだからです。相続税がかからないのに、生前贈与で財産を渡したところで、相続税の節税も何もありません。

もし、相続税がかからないのであれば、対策するべきは「もめない」「（他の相続人に）払える」の2つになります。遺言書をつくっておき、相続人にどう意思表示したかを伝えておくことで足ります。もし、わけにくい財産が多いのであれば、相続人同士が財産を分けやすいように、優先順位の低い不動産などをお金に変えておくなどといったことも対策になります。

2 相続の「青写真」が必要

第3章でもお伝えしたように、相続税がかかるかどうかは、「財産がどれだけあるか」、「相続人が何人いるか」などによっても変わります。ただ自分たちの場合はどうなのか？その判断ができる「青写真」が必要です。

具体的には、現状の財産の内容を整理し、ざっくりと財産を評価しておくことです。それによって相続税がかかるか、どの財産を誰に渡すかなどの相続対策もしやすくなります。「節税になるから」と行き当たりばったりで贈与をして、実は相続税がかからないというのでは目も当てられません。

　整理するうちに使っていない預金口座があれば整理し、負債があればどう解消できるかなどの方法を考えておきます。整理しておくことで相続後の手続きもシンプルになりますし、残された家族の手間を減らすことができます。

　まずは「青写真」を描いてみることです。

3 「相続対策」の流れ

(1) 財産を整理・財産の評価

　財産や権利の状況を確認します。預金、不動産、株式などの財産や生命保険の保険証券、債務などをもとに財産評価をします。保険については、非課税枠が利用できるかも確認しておきましょう。気をつけたいのは、「名義預金」です。親族名義の口座でも、実態として自分のお金ならそれも財産に含めます。自分で計算する場合の財産額は買ったときの値段でなく、「いま売ったらいくらか？（時価）」を目安に考えておきましょう。債務もマイナスの財産として必要です。

・不動産→固定資産税評価額×1.1〜1.2（自己利用の場合）

・上場株式・投資信託→証券会社の Web サイトや郵便物から確認

・積立型の保険→解約返戻金

・事業ローン→借入金額

---

(2) 相続税がかかるか?

財産や相続人の数をもとに相続税を試算します。基礎控除額以下なら相続税はかかりません。(3章「相続税はどうやって計算する?」にある計算イメージです。)

(3) どうやって分ける?払えるか?

整理した財産をもとに、以下のようなことを検討します。

> ・どの財産をどの相続人に引き継ぐか?
>
> ・相続税を払えるか?
>
> ・財産を処分してお金に変えたほうがいいか?
>
> ・どのくらい贈与できるか?
>
> ・生命保険を契約したほうがいいか? (非課税枠)

いざ財産全体を評価して眺めてみると、評価額が高い財産があったり、資産運用がうまくいっていない財産が浮き彫りになることもあります。

(4) 生活費・楽しみのためのお金を確保

相続対策で贈与しすぎて生活費が足りない、海外旅行に行くお金がないのでは、相続対策の効果は半減します。自分の相続対策も必要です。生活費や楽しみのお金を事前に見積もっておきましょう。

(5) 対策を進める

できあがった「青写真」をもとに、相続対策を進めます。もめないための財産の組み換えの検討、生命保険を契約して「払える」のお金を確保する、遺言書をつくる、効率的な生前贈与など相続対策を進めていきます。

CHAPTER 4 7 自分のためのお金を確保する

家族のための相続対策の前に自分のためのお金を確保しましょう。生活費、海外旅行、医療費など見積もってみると、思ったより自分のためのお金が多いと感じるかもしれません。それ以外のお金や不動産などの財産が相続対策をするべき財産になります。

1 自分のためのお金を確保する

相続対策は早めに少しずつ長期間で進めるのがポイントです。亡くなる直前に相続対策をしようとしても、できることは限られているからです。

大事なのは自分のためのお金を確保しておくことです。相続対策も確かに大事なのですが、子どもが主役の相続対策よりも自分が生きるためのお金を優先するべきだからです。一度きりの人生、これから長生きするのに必要なお金、楽しみのためのお金も必要です。好きなモノを買ったり、行きたかった海外旅行があれば、それも考慮しておきましょう。

FIGURE 78 自分のためのお金

お金の種類	内容
つかう	生活費・娯楽（年金など固定収入以外の不足）
そなえる	イベント（趣味・旅行・リフォームなど）介護費用
のこす	子どもや孫へ（相続対策）

❷ 老後に足りない生活費はいくら？

　子どもの相続対策を最優先にして財産を渡したあとに「やっぱり返して」とはなかなか言えませんし、不安に怯えて生きていくのは避けたいものです。そこでやっておきたいのは、自分（夫婦）の今後に必要なお金を計画することです。ただ、老後資金がいくら必要かはそれぞれでしょうし、あまり細かく考え過ぎると「やーめた」となるので、ざっくりで考えてみましょう。

　一例として、総務省統計局の「家計調査年報」を参考にします。65歳以上の夫婦無職世帯の家計では毎月2.3万円ほど不足し、同様に単身の場合は約2.1万円不足するとされています。少し多めに見積もって月2.5万円で計算すると、年間で30万円（2.5万円×12ヶ月）の生活費が不足することになります。年間の生活費だけで少なくともそのくらいのお金は必要だということです。ただ、これは無職の場合の統計値にすぎません。これ以外にご自身の収支状況、旅行などの楽しみのお金、医療費などを予算に含めておきましょう。

❸ 老後の収入を増やす

　また、老後の収入については、早めの運用も選択肢です。具体的には、**iDeCo**（イデコ：**個人型確定拠出年金**）や **NISA**（ニーサ：**少額投資非課税制度**）などを利用した長期投資です。NISAは運用益も売っても非課税。例えば、年利3％で30年間毎月積立てをした場合には、次ページのグラフのようになります。2024年からはNISAのしくみが大きく変わり投資枠が増える予定です。

FIGURE 79　65歳以上の無職世帯2カ月間の収入・支出（夫婦・単身）

65歳以上の夫婦高齢者無職世帯の家計収支（2022年）

実収入　246,237円

収入　　年金収入　220,418円　　その他

手取り　214,426円

不足分 22,270円

支出　　消費支出　236,696円

↑ 税金・社会保険支出　31,812円

65歳以上の単身無職世帯の家計収支（2022年）

実収入　134,915円

収入　　年金収入　121,496円　　その他

手取り　122,559円

不足分 20,580円

支出　　消費支出　143,139円

↑ 税金・社会保険支出　12,358円

総務省統計局HP　家計調査年報
（家計収支編）2022年（令和4年）をもとに作成

また、iDeCoは加入年齢に制限はあるものの、自分自身で商品を選んで運用し、そのお金を60歳以降に年金や一時金として受け取ることができるしくみです。NISA同様に運用益が非課税になる上に、毎年払う掛金で節税ができます（掛金23,000円／月、所得税率20%・住民税率10%の場合、毎年8万2,800円の節税）。ただし、60歳になるまでお金を引き出せないのがデメリット。運用は余裕資金の範囲内がいいでしょう。加入するなら、ここはおさえておきたいポイントです。

　独立して定年をつくらずに、歳を重ねてからも最前線で仕事するという選択肢もあります。過去に比べると、自分のやり方次第で老後のお金を増やせる環境が整ってきました。

❹　どのくらい長生きできそうか？

　次に生活費を何年分考慮するかですが、相続がいつあるかは誰にもわからないので、ここでは平均余命をもとに計算してみます。平均余命とは、ある年齢の人があと何年生きるかを示したものです。0歳の時点で平均寿命とイコールになります。

　例えば、P188の簡易生命表で平均余命65歳（男性）を見ると、平均余命は19.44歳ですから、ここでは20年分の生活費を見積もっておきます（女性なら25年です）。30万円×20年＝600万円。これに楽しみのためのお金や「そなえる」ためのお金を合わせたお金を自分のお金として確保しましょう。この生活費は見積り額であって、生活レベルはそれぞれです。「もうちょっと長生きできそう」、「もう少し生活費があったほうがいい」など、ご自身の希望や現状にあわせて検討してみましょう。

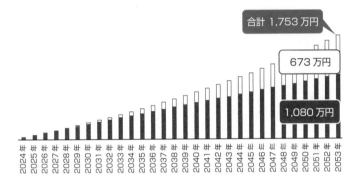

FIGURE 80 月3万円・年利3%で30年間運用した場合

■ 元本　□ 運用益

合計 1,753 万円

673 万円

1,080 万円

2024年 2025年 2026年 2027年 2028年 2029年 2030年 2031年 2032年 2033年 2034年 2035年 2036年 2037年 2038年 2039年 2040年 2041年 2042年 2043年 2044年 2045年 2046年 2047年 2048年 2049年 2050年 2051年 2052年 2053年

（月複利で計算、投資コストは考慮外）

FIGURE 81 月5万円・年利3%で30年間運用した場合

■ 元本　□ 運用益

合計 2,921 万円

1,121 万円

1,800 万円

2024年 2025年 2026年 2027年 2028年 2029年 2030年 2031年 2032年 2033年 2034年 2035年 2036年 2037年 2038年 2039年 2040年 2041年 2042年 2043年 2044年 2045年 2046年 2047年 2048年 2049年 2050年 2051年 2052年 2053年

（月複利で計算、投資コストは考慮外）

FIGURE
82
主な年齢の平均余命

年齢	男性	女性
0歳	81.05	87.09
50歳	32.51	38.16
55歳	27.97	33.46
60歳	23.59	28.84
65歳	19.44	24.3
70歳	15.56	19.89
75歳	12.04	15.67
80歳	8.89	11.74
85歳	6.2	8.28
90歳	4.14	5.47
95歳	2.68	3.41
100歳	1.69	2.16

65歳の
平均余命

（厚生労働省「令和4年簡易生命表の概況」より抜粋）

5 必要なお金をまとめてみると…

　見積もってみると、生活や楽しみ、備えなど自分の残りの人生にも必要なお金が意外とあり、家族に「のこす」ためのお金が思っていたより少ないと感じたかもしれません。

　自分の確保するお金を考えずに、やみくもに贈与で相続対策をしても、あとで生活費が足りないとか、旅行に行くお金がないという結末になってしまいます。自分の生活や楽しみのお金を確保したあとの財産リストに載っている残りのお金と不動産や株式などの財産。これが相続対策を検討するべき財産になります。

FIGURE 83 必要なお金はいくらか？（ダウンロード）

お金の種類	内容	見積り	年数（回数）	必要額
つかう	生活費不足	270,000	20	5,400,000
つかう	趣味	2,000,000	1	2,000,000
つかう	旅行（2人分）	300,000	5	1,500,000
そなえる	子どもや孫のお祝いなど	100,000	10	1,000,000
そなえる	リフォーム	3,000,000	1	3,000,000
そなえる	老人ホーム入居金	11,000,000	1	11,000,000
そなえる	葬儀（2人分）	1,000,000	2	2,000,000
そなえる	介護			2,000,000

項目	合計／必要額
⊖ そなえる	19,000,000
リフォーム	3,000,000
葬儀（2人分）	2,000,000
老人ホーム入居金	11,000,000
子どもや孫のお祝いなど	1,000,000
介護	2,000,000
⊖ つかう	8,900,000
趣味	2,000,000
生活費不足	5,400,000
旅行（2人分）	2,000,000
総計	27,900,000

贈与×保険金で相続対策

　生命保険は「納税のお金を準備する」「代償金を準備する」など、相続対策でも活用ができます。例えば、「保険料贈与プラン」もその1つです。父から子に保険料を払うためのお金を贈与して、相続人がそのお金で保険料を払います。相続後には保険金を受け取ることで相続対策ができます。

1 預金は▲（三角）・保険は■（四角）

　「預金は▲（三角）、保険は■（四角）」という言葉を聞いたことがあるでしょうか。例えば、1,000万円を貯めようと思ったときに、預金で貯めようとすれば少しずつ、時間もかかります。もしもの場合に必要額が確保できているとは限りません。一方で、**生命保険**の場合は保険金額を1,000万円として契約すれば、もしもの場合でも1,000万円の保険金を受け取ることができます。

　また、生命保険金は、相続財産でなく受取人の財産であるため、遺産分割の話し合いの対象にならず、遺留分の対象にもなりません。また、

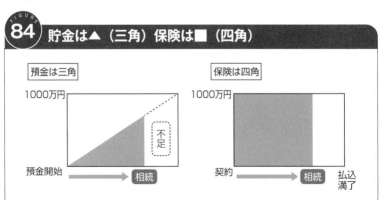

FIGURE 84 貯金は▲（三角）保険は■（四角）

いつ起きるかわからない「まさか」に備えることができる生命保険。相続と相性がいいと言えるでしょう。

2 保険料贈与プラン

相続人が保険金を受け取った場合には、非課税枠「500万円×法定相続人の数」があることは、3章の「16 生命保険は相続と相性がいい」でもお伝えしました。ここでは「贈与×保険（**保険料贈与プラン**）」をご紹介します。

例えば、父から子どもの口座に毎年お金を振込み、そのお金をもとに子どもが生命保険（終身保険）に加入、その口座から保険料を払っていきます（必要なら、子どもは贈与税の申告をします）。

1　父が子どもにお金を贈与
2　子どもが生命保険に加入
　　（契約者（保険料負担）と受取人：子ども　被保険者：父）

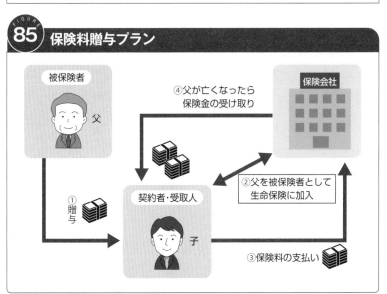

FIGURE 85 保険料贈与プラン

被保険者 父

保険会社

④父が亡くなったら保険金の受け取り

①贈与

契約者・受取人 子

②父を被保険者として生命保険に加入

③保険料の支払い

すると、父の財産である「お金」は、子どもの「生命保険」に変わります。

　被保険者である父が亡くなったら、子どもが保険金を受け取ることになります。

　このプランで受け取った保険金にかかる税金は相続税ではなく、所得税（住民税）です。（一時所得）。所得税がかかる場合、生命保険金の非課税枠「500万円×法定相続人の数」は関係ありません。相続税の場合は、受取った保険金額に税金がかかりますが、こちらは保険の運用益に税金がかかります。

【一時所得の計算方法】

（受け取った保険金−払い込んだ保険料累計−50万円）×1/2

　仮に保険の運用益がプラスでも、50万円以下で他に一時所得がなければ税金はかかりませんし、仮に50万円を超えても、税金がかかるのは「超えた金額×1/2」なので、受け取る保険金にかかる所得税は最大でも27.5%（＝55%×1/2）です。一方で、契約した保険金は入ってくるわけですから、保険金と保険料の払込額に乖離があれば、子どもの手取り額が増える結果にもなりおトクです。

　忘れていけないのは、父から子どもにお金を贈与するなら、贈与契約書をつくっておくこと、必要なら贈与税の申告をすることです。

3 「代償分割」のお金を保険で準備する

　遺産の分割方法の1つに「**代償分割**」があります。相続のときに「遺言書」がない場合は、遺産分割の話し合いをして、相続人間で財産を分けることになるのですが、預金や上場株式のように分けやすい財産ばかりでもありません。不動産はその1つです。特定の相続人が、不動産を引き継げば、引き継ぐ財産の割合がかなり偏ることになり、話し合いがまとまらずもめる原因にもなってしまいます。「代償分割」は、特定の財産を引き継いだ相続人が、ほかの相続人より多く相続した分のお金を払って相続人の間のバランスがとれるように近づける分割方法です。

　例えば、亡くなった母といっしょに住んでいた長女が「自宅を相続したい」と希望していたとします。ただ、自宅を相続すると、もう1人の相続人である次女がもらう財産額とかなり偏りが出ていします。そこで長女から次女に「代償金」を払うことで2人が引き継ぐ財産のバランスをとります。ただ、いざ相続のときにまとまったお金を用意できないことも多いのです。

　そのような場合にも「生命保険」を活用できます。母が亡くなったときに、長女が保険金を受取れるようにしておきます。いざ、母の相続があったときには、長女は自宅を相続して、保険金として受け取ったお金を、もとに「代償金」として次女に渡すことができます。なお、保険金は長女の権利であって、相続財産ではないため、遺産分割の必要がありません。

　この方法は相続があってからではできません。生前のうちに想定しておく必要があり、どんな財産があって、誰にどの財産を渡したいか、「もめない」、「（他の相続人に）払える」も含めた事前の相続対策が欠かせません。

86 代償分割のイメージ

長女は自宅を引き継ぎたい → 次女には代償金を払って分割

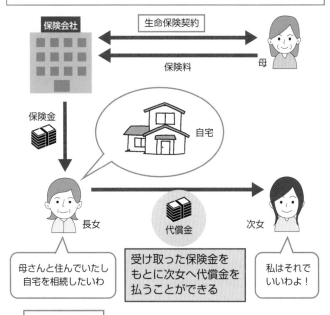

保険会社

生命保険契約

保険料

母

保険金

自宅

長女

代償金

次女

母さんと住んでいたし
自宅を相続したいわ

受け取った保険金を
もとに次女へ代償金を
払うことができる

私はそれで
いいわよ！

生命保険契約

契約者　：母
（保険料払う）

被保険者：母

受取人　：長女

長女は相続人
↓
「生命保険金の
非課税枠」あり

「不動産の共有」で損をする 共有に潜む3つのデメリット

1つの不動産を共有することもできます。ただ、共有するのは3つのデメリットからおすすめしません。ただ、場合によっては共有してもいいケースがあります。

1 「不動産の共有」とは？

不動産を共有で相続しているのを見かけます。「**共有**」とは、1つの不動産を複数人で持っていることを意味します。不動産は預金のように分けることができませんし、相続で1人が引き継げば、他の相続人との相続割合が偏る可能性もあります。そのため、「分割を早くまとめたい」、「共有にすればいいよね？」という軽い気持ちから法定相続分や均等で共有することを考えるかもしれません。ただ、それはおすすめしません。

2 不動産の共有をおすすめしない理由

共有をおすすめしない理由には、どんなものがあるのでしょうか。ここでは3つ挙げてみました。

(1) 全員が同意しないと動かせない

相続した不動産をずっと持っているかといえば、そうとも限りません。売りたいと考える場面もあるでしょう。その場合、全員の合意がないと、売ることはできません。1人でも反対意見があると塩漬けになってしまう可能性があるのです。

(2) 相続があったら権利者が増える

子ども3人で共有していた不動産があったとします。兄弟ですから連絡をとることはできるでしょう。その後、長男がなくなり、その妻と子ども3人が共有することになりました。次は次男がなくなり、その相続人が共有…と世代が変わるに連れて共有する人が増えていくことになります。

(3) 下の世代に行くほど疎遠になる

不動産をもっていれば、不動産の管理費用や固定資産税がかかります。その負担も共有する持分ずつとなります。不動産の管理も必要ですが、世代が変わったときに連絡をとるかどうか。ご自身の場合で考えても、年齢を重ねるにつれて親せきとは疎遠になっていくのではないでしょうか。特に共有者との関係性がよくなければ、ストレスに感じてしまうかもしれません。特に固定資産税は代表者の1人に納付書が届くため、その代表者が支払い、あとから持分だけ請求することが通常です。ところが、すんなり支払ってもらえるとも限らず、結果的に負担が偏ってしまう可能性もあるでしょう。

「みんなで公平に…」という考えだけで不動産を共有するのはおすすめしないよ！

4 あえて不動産の共有を選ぶケース

　不動産の共有がメリットになるケースもあります。それは相続の時点で売ることが決まっている場合です。おひとりさまが住んでいた自宅を相続した場合、一定の条件をクリアした自宅を相続から3年10ヶ月以内に売ると売却益から最大3,000万円をマイナスできる特例があります（「空き家の譲渡所得の3000万円特別控除」）。

　例えば、父がひとりで住んでいた自宅（家と土地）を相続で子ども2人が共有で引き継ぎ、相続から3年10ヶ月以内に売り、確定申告をすることで、子どもそれぞれが自宅の売却益から最大3,000万円をマイナスできるのです。つまり、最大6000万円の控除となり、売却にかかる所得税（住民税）を大きく減らすことができます。このように早めに手放す予定で、お互いに気が変わらないのであれば、あえて共有することも選択肢になるでしょう。

　ただし、「小規模宅地等の特例」を利用する場合には、申告期限まで保有することが前提の場合がほとんど、売るタイミングには注意する必要があります。

上の特例を使うなら、事前に役所で説明書をもらわないといけないから、手続きはお早めに！

不動産を共有するデメリット

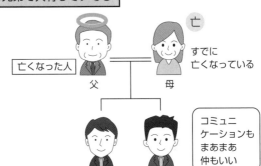

最初は兄弟で共有していても

亡

亡くなった人

父 ── 母

すでに亡くなっている

コミュニケーションもまあまあ仲もいい

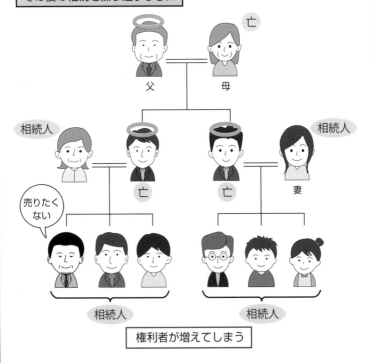

その後の相続を繰り返すうちに

亡

父 ── 母

相続人

亡

亡

相続人

妻

売りたくない

相続人

相続人

権利者が増えてしまう

2024年からどっちを選べばオトク？

2024年から相続税・贈与税のルールが大きく変わることで、どのような影響があるのでしょうか。気になるのは「暦年課税」と「相続時精算課税」のどちらがいいのかという点です。結論から言えばそれぞれの状況によるわけですが、読者のみなさんがイメージしやすいように具体例で考えてみます。

1 どちらがいい？　「暦年課税」VS「相続時精算課税」

2024年贈与のルールが変わることで気になるのは『「暦年課税」と「相続時精算課税」はどちらが有利なのか？』という点でしょう。事例で考えてみます。

【事例の前提】
・贈与の期間と毎年の贈与額は同じ（合計額は2,000万円）
・相続年の贈与はない
・年ごとの贈与のタイミングは考慮しない

(1)　2023年までのルールで比較

まずは「**暦年課税**」。これまでのルールでは相続以前3年間に贈与でもらった財産だけが「持ち戻し」になります。ここでは850が財産に上乗せされます。

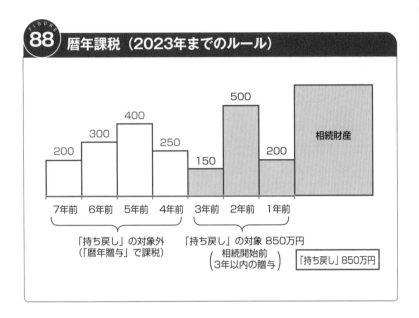

FIGURE 88 暦年課税 (2023年までのルール)

200　300　400　250　150　500　200　相続財産

7年前　6年前　5年前　4年前　3年前　2年前　1年前

「持ち戻し」の対象外
（「暦年贈与」で課税）

「持ち戻し」の対象 850万円
（相続開始前
3年以内の贈与）

「持ち戻し」850万円

　裏を返せば、3年を超える「持ち戻し」の対象にならない部分は、贈与税だけ払えば完結し、相続税はかかりません。「贈与税の負担率＜相続税の負担率」なら、財産にかかる税金を減らせるわけです。となれば、なるべく早くあげることで有利になります。

　そして「**相続時精算課税**」。その不人気さは第2章でお伝えした通りです。贈与したすべての財産が「持ち戻し」となること、一度選べばあとから「暦年課税」に戻りたくても取消しができないという不便さも選ばれない理由でした。事例の場合は2,000万円すべてが「持ち戻し」となります。

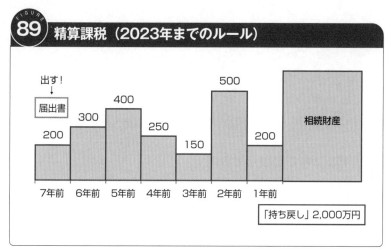

FIGURE 89　精算課税（2023年までのルール）

出す！
↓
届出書

200　7年前
300　6年前
400　5年前
250　4年前
150　3年前
500　2年前
200　1年前

相続財産

「持ち戻し」2,000万円

　2023年までのルールで考えると、110万円の非課税枠にこだわらずにあえて贈与税を払ったとしても、「贈与税の負担率＜相続税の負担率」なら贈与で渡したほうが有利です。前述したように相続税のかかる財産を減らせる、「取消しできない」などの不自由さがないことから「暦年課税」が好まれたわけです。

(2)　「2024年からの新ルール」で比較

　第2章でもお伝えしたように2024年から相続税や贈与税のルールが大きく変わることになります。

【変更点】

・「暦年課税」の「持ち戻し」が「3年」→「7年」に

・「相続時精算課税」に非課税枠（年110万円）ができる

・「相続時精算課税」で非課税枠以下なら、申告も「持ち戻し」もしなくていい

それでは、2024年からの新ルールでは、「暦年課税」と「相続時精算課税」ではどちらが有利になるのでしょうか。

結論から言えば、どちらがいいかは税金の問題だけで決まるものではないということです。とはいえ、それではイメージもわからないでしょうから、「持ち戻し」になる金額で比較してみます。

② 7年以内で比較してみると

先ほどと同じ条件で、「暦年課税」の場合はどう変わるのか。これまで「**持ち戻し**」は3年でよかったのですが、「持ち戻し」期間は7年に広がりました。（3年超7年以内の贈与額については、財産の合計から100万円をマイナスできます。）事例の場合は、「持ち戻し」は1,900万円となり、これまでの「暦年課税」に比べると不利になります。

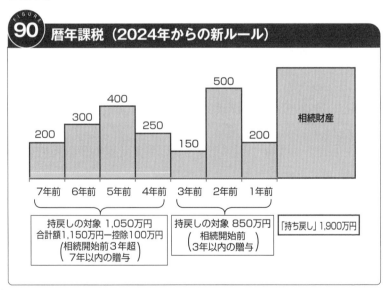

FIGURE 90 暦年課税（2024年からの新ルール）

持戻しの対象 1,050万円
合計額1,150万円－控除100万円
（相続開始前3年超）
7年以内の贈与

持戻しの対象 850万円
（相続開始前）
3年以内の贈与

「持ち戻し」1,900万円

次に「相続時精算課税」を選ぶ場合を見ています。2023年までの「相続時精算課税」と比べると、毎年110万円の非課税枠があり、770万円（＝110万円×7年）は持ち戻しされません。すると、「持ち戻し」は1,230万円となり、2023年までとは逆で、「暦年課税」より持ち戻しされる財産は減ります。

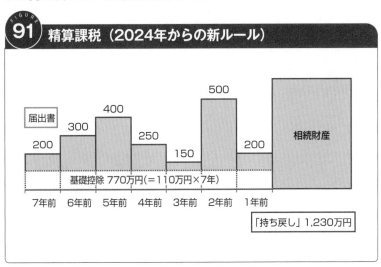

FIGURE
91　**精算課税（2024年からの新ルール）**

毎年110万円以下の贈与をすれば、「持ち戻し」がなく、相続財産を減らせることになります。

　ただし、2024年以降も「相続時精算課税」を利用できる人は限られた人だけであること、一度選べば、二度と取消しができないというルールに変更はありません。選ぶなら慎重に判断したほうがいいでしょう。

次に7年を超えた場合を見てみましょう。

「相続時精算課税」の場合は、110万円以下の部分は「持ち戻し」がされませんが、たとえ30年前であっても110万円を超える部分は、「持ち戻し」の対象になります。下図の場合、10年前から贈与していた場合7年を超える部分で、合計670万円が「持ち戻し」になります。

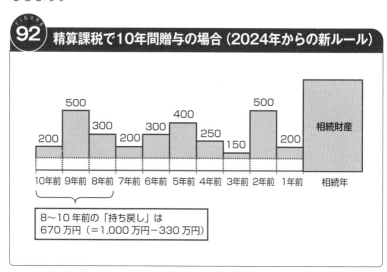

FIGURE 92 **精算課税で10年間贈与の場合 (2024年からの新ルール)**

```
                                              相続財産
        500                              500
              300              400
  200              200   300         250           200
                                            150
  10年前 9年前 8年前 7年前 6年前 5年前 4年前 3年前 2年前 1年前    相続年

  8~10年前の「持ち戻し」は
  670万円 (＝1,000万円－330万円)
```

一方で「暦年課税」の場合は、7年を超えた贈与については「持ち戻し」がありません。もらった人が贈与税を払えば完結です。

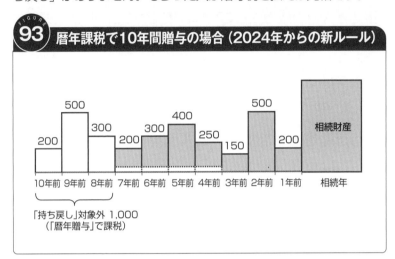

FIGURE
93 暦年課税で10年間贈与の場合（2024年からの新ルール）

「持ち戻し」対象外 1,000
（「暦年贈与」で課税）

4 なるべく早めの健康診断を

　ということで、相続対策を早めに始めることができれば、「暦年課税」で贈与をすることで相続財産を減らすことができます。税金の有利不利だけで考えると、相続以前7年以内が見込まれる時期から、「相続時精算課税」に切り替えるのが有利ということになります。ただ、相続がいつあるのかは誰にもわかりません。また、たとえ相続の直前であっても、（相続人でない）孫や子どもの妻などに贈与するのであれば、「持ち戻し」はありません。

　どちらがいいかは税金の問題だけで決まるものでもありません。はじめにお伝えしたように誰に渡したいかという気持ち、また、あげる人の年齢、健康状態なども踏まえて、どのくらいの期間を準備できるかも大きく影響します。突然に余命宣告を受ける可能性もあるわけです。

こうしたことから早めの時期から相続対策をし、焦らずに進めることが大事です。早期発見、早期治療という言葉があります。相続対策の場合は健康診断をして早期に発見できても、その治療にはある程度の時間が必要です。焦ればそれだけ無理をすることになります。「もめない」「払える」「相続税の節税」という3つの視点から現状分析とバランスをとるための時間が必要となります。

相続対策を早めに
始めることで、
解決できることもあるよ！

贈与は生前に想いを届ける ことのできるツール

相続までになにも対策されていないと、残された家族が困ることもあります。生前のうちに「〇〇しておけば…」ということも。贈与は生前のうちにあげる人の想いを届けることができるツール。生前の早いうちに相続対策をすることでご家族が目にする相続の景色を変えることができます。少しずつでも始めてみましょう。

1 「相続対策×贈与」で家族に何をプレゼントできるのか？

ここまでに相続対策にはある程度の時間がかかること、節税ばかりを優先せずに「もめない」「払える」との、バランスをとる必要があるとお伝えしてきました。相続まで何もやっていないと、困るのは残された家族です。

相続を経験するのは、人生で1度か2度のこと。多くの方が悲しみに暮れる中、手探りで相続手続きを進めていくことになります。そのときに生前贈与をはじめとする相続対策をしておけば、「もめないでよかった」「みんなが納得して財産を引き継げた」「相続税も問題なく払える」という景色を見ることができます。

それこそが、遺された家族への大きなプレゼントになることでしょう。

そんなプレゼント、家族みんなが喜んでくれる顔を思い浮かべながら用意してみませんか。

94 「相続対策×贈与」で安心できる相続に

もめない

最初はすごく
不安だったけど

生前に遺言書を
準備しておいてくれて
本当に良かった

事前に母さんの
考えも教えてもらえたし。

次男

長男

長女

払える

次男

長男

長女

母さんが
お金を残して
くれたから

財産の
手続き

申請書

名義変更申請

税務署

相続税も手続きのお金も払えました。

相続税の節税

生前贈与

小規模宅地等の
特例

長男

早めに相続対策
始めたから

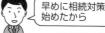
事前に税理士さんにも
相談しておいて
よかったね

次男　長女

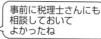
相続税を払えるように
準備をしてくれたね。

索引

索引

●著者紹介

植村 豪（うえむら ごう）

税理士。植村豪税理士事務所 代表
1975年静岡県生まれ。愛知県育ち。
大学卒業後、一般企業に就職した後に生き方を変えるため退職し、税理士試験に挑戦。
4年後に資格取得。相続税の勉強をする中で、相続の仕事がお客さまの人生に深く貢献できることを知り、相続業務を強みにする会計事務所に転職。2015年に独立。
独立後は主に小規模の事業主を応援するとともに、相続関連の仕事に強みを置いている。
お客さまが抱く相続への過度な不安を和らげ、相続のその先の景色まで見てもらい、安心していただけるよう提案、サポートを行っている。また、税理士向けのコンサルティングも提供している。
相続セミナーの開催、動画販売、相続に特化した月刊メルマガ（無料）の配信など、相続の情報発信にも力を入れている。
事業拡大をせずにあえてひとりを選び、ITを使った業務効率化を得意とする。個人ブログは2016年から2,500日以上、独立後をつづったメルマガは800日以上毎日更新中。
共著書に『十人十色の「ひとり税理士」という生き方』（大蔵財務協会）がある。
■ブログ「GO for IT ～ 税理士 植村 豪 OFFICIAL BLOG」 https://www.gou-blog.com/
■HP「植村 豪税理士事務所」 https://gozeirishi.com/
■動画販売サイト「Consuloot ONLINE STORE」 https://consuloot.com/

図解ポケット
生前贈与がよくわかる本

発行日	2023年11月 7日	第1版第1刷

著 者　植村　豪

発行者　斉藤　和邦
発行所　株式会社　秀和システム
　　　　〒135-0016
　　　　東京都江東区東陽2-4-2　新宮ビル2F
　　　　Tel 03-6264-3105（販売）Fax 03-6264-3094
印刷所　三松堂印刷株式会社　　　　Printed in Japan

ISBN978-4-7980-7006-3 C0036